Christelle Javary

A Cura
Quando a salvação toma corpo

DIREÇÃO EDITORIAL:
Pe. Marcelo C. Araújo, C.Ss.R.

COORDENAÇÃO EDITORIAL:
Ana Lúcia de Castro Leite

TRADUÇÃO:
Pe. José Augusto da Silva, C.Ss.R.

COPIDESQUE:
Leila Cristina Dinis Fernandes

REVISÃO:
Luana Galvão

DIAGRAMAÇÃO E CAPA:
Bruno Olivoto

Título original: *La Guérison – Quand le salut prend corps*
© Les Éditions du Cerf, 2004
ISBN 2-204-07389-X

Dados Internacionais de Catalogação na Publicação (CIP)
(Câmara Brasileira do Livro, SP, Brasil)

Javary, Christelle
    A cura: quando a salvação toma corpo / Christelle Javary; [tradução José Augusto da Silva]. – Aparecida, SP: Editora Santuário, 2014.

    Título original: La guérison: quand le salut prend corps.
    ISBN 978-85-369-0335-4

    1. Cura pela fé – Igreja Católica I. Título.

13-13968   CDD-234.131

Índices para catálogo sistemático:
1. Cura pela fé: Cristianismo 234.131

2ª reimpressão

Todos os direitos reservados à **EDITORA SANTUÁRIO** - 2014

Composição, CTcP, impressão e acabamento:
EDITORA SANTUÁRIO - Rua Padre Claro Monteiro, 342
12570-000 - Aparecida-SP - Fone: (12) 3104-2000

*Em memória do Padre Caillot,
que acompanhou a elaboração deste trabalho.*

Introdução

Estamos doentes?

A cura do corpo sempre tem de surpreender. É ao mesmo tempo um problema tão velho quanto a humanidade e uma questão a que nossa sociedade se agarrou com uma avidez nova e muitas vezes desordenada. Porque hoje a cura está em todo lugar. Ela deixou o hospital ou a sala de espera do médico para invadir as mesas das livrarias, os mostruários dos vendedores de jornais, as estantes dos salões especializados, as emissões de rádio ou de televisão e as conversações. Este desejo desenfreado de saúde justifica uma busca de todos azimutes, que passa pelo mais sábio e o mais atordoante. Curar, nosso moderno sagrado Graal? De maneira paradoxal, a cura se tornou uma obsessão que até as mais graves ameaças que pesavam sobre a vida de nossos ancestrais desapareceram. Bem alimentados e vacinados desde a infância, consumidores regulares e reembolsados de consultas, de exames e de medicamentos, nós imaginamos viver em plena forma até uma idade avançada. É preciso deduzir que quanto menos estamos doentes, mais desejamos ser curados? Mas então se curar de quê? De que incômodos ou de que mal-estar? E curar-se como, se os modelos antigos caducaram?

Questões humanas, então cristãs

Assim postas, estas questões interessam em primeiro lugar ao sociólogo, cuja função consiste justamente em auscultar as práticas e os interesses sociais. Contudo, em que a cura concerne ao cristão... se não é nem doente nem médico? Nossa fé não pode manifestar indiferença, ainda menos desprezo, para com esta preocupação de estar melhor, que é essencial para numerosas pessoas hoje. Já que a cura do corpo tomou tal importância, ela é o sintoma de um movimento cultural maciço, de um verdadeiro fato de sociedade que é preciso tentar humildemente decifrar e interpretar. É uma questão de credibilidade e de atenção ao mundo onde vivemos e onde tentamos testemunhar nossa esperança. Além disso, este mundo é nosso mundo, não desembarcamos de outro planeta e estamos também, queiramos ou não, impregnados do "ar do tempo". A cura do corpo concerne a todos os que partilham a condição corporal, isto é, finalmente certo número de pessoas... e os cristãos, a este respeito, não gozam de nenhum privilégio. Entrar em diálogo com a cultura contemporânea em torno da questão do corpo que é curado ou não é então, antes de tudo, reconhecer-se membros da mesma humanidade sofredora e esperançosa. A teologia traz aqui suas ferramentas e os métodos que lhe são próprios para procurar indicar, na efervescência de propostas, práticas e valores, linhas de força, pistas de análise.

Algumas precisões. Trata-se aqui da cura no sentido mais comum do termo, isto é, da cura do corpo. É verdade que se fala também muito, entre os cristãos, de uma cura dita "espiritual", mas além de se tratar de uma expressão piedosa para "uso interno" (isto é, incompreensível aos não iniciados), só a cura do corpo permite abordar a questão tão rica e tão essencial para nós do elo entre o corpo e a saúde. Já que a cura é uma experiência universal, não se fará diferença essencial entre grande ou pequena cura, ordinária ou extraordinária. Certamente, será preciso dizer uma palavra sobre a cura miraculosa, pois ela tem uma carga teológica particular, mas não está no centro do assunto desta obra. Enfim, mais que de cura do corpo, trata-se aqui da cura *dos* corpos. O plural não marca uma generalização, mas o tomar em conta esses corpos no sentido metafórico do termo que são o corpo social e o corpo eclesial, enquanto reúnem corpos próprios, os corpos das pessoas. Explicar-se-á em tempo útil.

A contribuição cristã para uma reflexão sobre a cura

Propor um diálogo entre a fé cristã e a cultura contemporânea a respeito da cura dos corpos é particularmente pertinente. Com efeito, a rica experiência cristã pode oferecer uma contribuição original. De modo geral, ela leva o corpo muito a sério. Quanto ao corpo doente, ele sempre ocupou um lugar central na reflexão e na prática da Igreja, que tem sem cessar sob os olhos, pela mediação da Escritura, as curas operadas por Jesus. O diálogo, porém, por mais aberto e construtivo que seja, é forçosamente crítico, pois a aspiração de nossa sociedade à cura revela muitas ambiguidades e comporta muitos riscos: por exemplo, ocultar, eliminar ou excluir os corpos que não se curam, que não poderão nunca se curar, que se encaminham irresistivelmente para a morte. Os cristãos não têm aqui uma função de desmancha-prazeres, de austeros censores que se arrogariam o direito de controlar e de retificar, e isto tanto menos que experimentam muitas vezes as mesmas tentações. "Entendida em humanidade", a Igreja defende o homem, mesmo que fosse contra o homem, pois ele recusa muitas vezes sê-lo. A humanidade é a finitude, e nós sabemos que fomos feitos para o infinito: a cura, a seu modo, diz um imenso desejo de não morrer, de viver para sempre. Ora, o Pai enviou seu próprio Filho na finitude de nossa condição para nos revelar, numa linguagem de homem, de que amor infinito somos amados; e a salvação é entrar nesta "infinitude". Deus, portanto, propõe-nos algo melhor que a "vida perpétua", esta vida que não acabará de acabar, cansando com o retrato de nossa agitação e irrisório tapa-misérias de nossa angústia: a vida que ele nos oferece e que nos abre é a vida eterna.

A cabeça no céu, mas os pés na terra, a Igreja oferece à humanidade, da qual surgiu e que não abandonou, uma associação de benevolência e de vigilância. "Sentinela da manhã", ela vela na noite à cabeceira do sofrimento e da revolta, esperando que brilhe a aurora do dia sem cura, do dia em que não haverá mais necessidade de curar. Quando ela assume o cuidado do corpo; quando cuida de todos os corpos que necessitam de cura – o corpo próprio, o corpo social e até mesmo o corpo eclesial; quando ela honra o corpo em todos os seus estados – aquele que é curado, aquele que não é, aquele que morre; então a Igreja manifesta, na ordem deste mundo que passa, que o corpo está ordenado ao que não passa.

1 - Curar na condição de criatura: entre graça e pecado

No começo, Deus criou o céu e a terra.
No começo era o Verbo, e o Verbo
estava com Deus e o Verbo era Deus.

Do primeiro versículo do Gênesis ao prólogo do evangelho de João, do livro do Gênesis ao *livro da gênese de Jesus Cristo* (Mt 1,1), a única Revelação desenvolve-se sob as espécies das duas alianças, como as duas asas de um pássaro. O primeiro começo não é um início; o segundo não é um recomeço. O que começa, de sempre a sempre, é o projeto de amor de Deus, isto é, a criação, matriz de toda aliança, pois modelando o homem, Deus se dá como um parceiro. A condição de criatura é menos um estado que uma vocação: é um convite para entrar na Aliança como se entra na dança. Contudo, a condição de criatura é igualmente uma condição ferida, marcada pela experiência amarga do pecado que bloqueia, entrava e marca o dinamismo original da graça. Porque ela faz ressentir na própria carne uma mudança, às vezes uma confusão, que modifica um destino de sofrimento e de angústia; porque ela abre um futuro salutar, a cura envolve a intuição profunda da condição de criatura tal qual Deus a quis. Contudo, depois do pecado, nada do que toca o humano está isento de ambiguidade: a cura é um enigma, salutar quando toca no mistério, perigoso quando se torna cúmplice das trevas que os homens preferem à luz por causa de suas obras más (Jo 3,19). Ela se esquiva mesmo da evidência da bênção: se curar é forçosamente um bem, a doença é então forçosamente um mal? Mas só curar bem é um bem.

PODER CURAR, DEVER CURAR

Antes de ser um tema de estudo, a cura do corpo é uma experiência salutar, um acontecimento que toca uma pessoa. Ora, esta experiência é paradoxal a mais de um título, mas antes de tudo porque vai do banal ao excepcional. O banal é a cura "ordinária", a que dissipa pequenas e médias misérias, desde os distúrbios digestivos até os incômodos invernais. Quem nunca foi curado de alguma coisa? O excepcional é a cura quase inesperada que livra da doença grave, fonte de grandes sofrimentos, até mesmo mortal. Curar de uma constipação ou curar de um câncer: de um lado, uma experiência quase universal e que passa quase despercebida; de outro, um acontecimento raro e desconcertante, uma das aventuras mais fortes e as mais intensas que se possam viver numa vida humana. Não é incongruente, até mesmo escandaloso, que um mesmo verbo se refira a situações tão diferentes? Também é frequente que a cura de uma doença grave, única, considerada como significante, torne-se a única forma de cura levada em conta nas análises dedicadas a esse tema, e isso de maneira implícita, como uma evidência sobre a qual é inútil explicar. Contudo, deseja-se curar-se de um defluxo como de um câncer, mas há, graças a Deus, muito mais vezes a ocasião de desejar um mais que o outro. E, num caso como noutro, é a vida que ganha. Não só porque ela é dada de novo, reorganizada, fortificada, mas sobretudo porque é, de novo, saborosa. É melhor viver, muito simplesmente. A cura é antes um consolo que um desgosto mais ou menos articulado que se encobre ou que uma dor atroz que deixa a presa fugir. As funções corporais mais elementares estão implicadas: reencontrar um sono calmo, ser capaz de se alimentar e de apreciar o que se come, deixar sua cama depois o quarto...

A capacidade de autocura do corpo

Tudo isso é possível primeiramente porque o corpo dos vivos é "programado" para se curar sem cessar. As chagas cicatrizam, a pele queimada se regenera, os ossos se religam, a febre cai, os germes de infecções são eliminados. Mesmo se é estimulado ou fortificado pela medicina, o processo vem primeiro do corpo, sorve no mais profundo de um dinamismo misterioso e espontâneo. Em suas capacidades de automanutenção e de autorreparação, o corpo manifesta sua autonomia: feito para a vida, ele é equipado para todas as adaptações, todas as lutas. No meio de uma criação boa e generosa, o corpo diz que a condição da criatura se alimenta antes de tudo de um dom amplo, largo e confiante: o dom da vida que jorra sem cessar, jorrando dela mesma, pois é não só vida no presente, mas também vida no futuro. De fato, Deus quis pôr em sua obra a capacidade de se desenvolver por si mesma. O primeiro relato da criação insiste sobre o fato de que toda vegetação traz em si sua semente (Gn 1,11) e mostra a previdência divina destinando a cada ser vivo seu alimento (Gn 1,29-30). Enfim, a fecundidade de todas as espécies vivas, inclusive o homem, é encorajada e abençoada por Deus (Gn 1,22.28). A vida dada pelo Criador é uma vida capaz de se perpetuar e de se transmitir por si mesma. A cura surge, então, da *autonomia das realidades terrestres,* que o Concílio Vaticano II recordou que "ela corresponde à vontade do Criador. É em virtude da própria criação que todas as coisas são estabelecidas segundo sua consistência, sua verdade e sua excelência próprias, com sua disposição e suas leis específicas" (*Gaudium et spes,* 36, 2). Também se pode dizer que toda cura vem de Deus, dono e amigo da vida, que ela entra em seu desígnio. Se a cura considerada como miraculosa ou extraordinária apresenta questões particulares, a cura espontânea ou obtida por tratamento médico não é menos digna de louvor e de admiração.

É aliás difícil saber de onde vem a cura; ela guarda uma parte de mistério mesmo para os médicos mais experientes, ela faz falta onde é esperada e se manifesta quando se abandonou toda esperança. Ninguém é, então, proprietário da cura nem da interpretação que se pode ou se quer dar. A cura é uma experiência de libertação para o homem e de liberdade... para Deus; ela tem um caráter "gracioso" como estes outros bens da criação que são a chuva e o sol: "vosso Pai que está nos céus faz nascer seu sol sobre ao maus e sobre os bons e cair a chuva sobre os justos e sobre os injustos" (Mt 5,45). O que cura é sempre um corpo que o Criador quis "capaz de cura", um pouco da mesma maneira que o ser humano é "capaz de Deus": não por um processo vindo de fora, estranho e exterior, mas pela prática de um impulso discreto e misterioso nascido no mais íntimo.

As curas do Cristo, gestos recriadores

Vindo para manifestar em plenitude o amor de Deus, Jesus trabalha como ele para dar sem cessar a vida ao homem. É porque as numerosas curas que opera situam-se na linha direita da obra criadora de seu Pai. Do mesmo modo que a Palavra de Deus é eficaz por si mesma, de modo que a criação é obra de palavra (*E Deus diz...*), igualmente Jesus, o Verbo de Deus, revestido de seu poder, cura numerosos doentes realizando o que ele diz, com grande admiração das testemunhas: "Que palavra é esta? Ele ordena com autoridade e poder aos espíritos impuros e eles saem!" (Lc 4,36). Porque fazem bem ao homem, os gestos do Cristo merecem receber a mesma apreciação que aquela que sublinha o primeiro relato da criação: "E Deus viu que isso era bom". Contudo, aqui, são os homens que são convidados a ver que "isso era muito bom": a atitude justa dos que são testemunhas desses gestos é a admiração e a ação de graças, que consistem em atribuir a Deus o que se passou, em reconhecer que isso vem dele. "Todos ficaram, então, tomados de estupor e glorificavam a Deus" (Lc 5,26); "Eles estavam maravilhados além de toda medida e diziam: 'Ele fez bem todas as coisas: ele faz ouvir os surdos e falar os mudos'" (Mc 7,37).

1 - Curar na condição de criatura: entre graça e pecado

Um tipo particular de cura pode especialmente ser lido como um gesto de criação: o exorcismo. De fato, trata-se de operar uma separação entre o possesso e o demônio, para devolver ao homem sua liberdade e sua identidade: "Sai deste homem, espírito impuro!" (Mc 5,8). Nesse modelo da doença e do incômodo, o homem é afetado porque um demônio particular o tomou sob sua divisão: por exemplo, ele é surdo e mudo, pois assim é igualmente o espírito mau ("Espírito mudo e surdo, eu te ordeno, sai dele e não entres mais", Mc 9,25). Há, então, entre o demônio e o possesso, uma confusão mortífera que inverte literalmente a ordem da criação. Em vez de ser à imagem e à semelhança de Deus, que lhe comunica sua graça vivificante, o homem está à imagem e à semelhança de um demônio, que o escraviza e destrói. Ora, no primeiro relato da criação, Deus cria separando a luz das trevas, o céu da terra, o seco do molhado. Ao contrário, o dilúvio é uma volta ao caos inicial, à confusão quando as águas recobrem até as montanhas (Gn 7,20). Tudo tem seu lugar na criação, inclusive o que, aos olhos do homem, representa uma força potencialmente ameaçadora. Só Deus pode abrir um espaço vivível para o homem afastando, não suprimindo, o que tem o risco de submergi-lo: "[as águas] sobem às montanhas, descem pelos vales para o lugar que tu lhes fixaste: tu pões limites para não ultrapassar, que elas não voltem a cobrir a terra" (Sl 104,8-9). A criação é, então, um pôr em ordem e um pôr a distância.

Igualmente, Jesus estabelece uma distinção e depois uma separação entre possesso e o demônio. No episódio do demoníaco geraseno (Mc 5,1-20), a gravidade da dominação do mal é tal que o doente perdeu a "figura humana": ele mora afastado de seus semelhantes em túmulos, vive nu (precisa Lucas), é impossível dominá-lo. Além disso, "a doença do demoníaco consiste em se ferir com pedras e em dar gritos, em fazer correr seu próprio sangue, em se dilacerar, em desfigurar seu corpo como um animal selvagem e substituir a palavra ordenadora (separando as noites e os dias, como no Gênesis) pelo grito destrutivo lançado dia e noite: "Noite e dia ele estava sem cessar nos túmulos e na montanhas, lançando gritos e se dilacerando com pedras" (Mc 5,5).[1] Aos grandes males, os grandes remédios! A separação que Jesus ordena se faz em dois tempos e vai até designar um lugar para o demônio expulso: primeiro a vara de porcos, isto é, um animal, além disso impuro; depois o lago, onde se precipita a vara – ora o mar, no imaginário semita, é o símbolo das forças do mal, obscuras e perigosas para o homem e que só Deus domina (ver Sl 74,12-15). Atribuir o fato de ser doente a uma intervenção demoníaca é um traço cultural e surge de certa visão do mundo, que não é partilhada hoje nos países ocidentais. Contudo, não é preciso deduzir que este tipo de cura não é mais pertinente para nós. De fato, é uma maneira de exprimir a que ponto a doença é contrária ao projeto de Deus para o homem: é a "criação às avessas", precisamente porque a "criação direita" é uma bênção para o homem.

Uma vitória irrisória e provisória

Contudo, como negar, justamente, que há doença na criação? Se a cura é uma possibilidade, é também uma obrigação. Não há viventes, só há sobreviventes. Curar ou morrer, a alternativa é simples e trágica. A cura está forçosamente associada à doença ou ao incômodo e não tem sentido senão em relação a ela. Ela é secundária, de um ponto de vista lógico e cronológico; ela caminha sobre as pegadas da doença e lhe deixa tomar a iniciativa. Entre a vida diminuída ou ameaçada e a vida reorganizada ou restaurada, a cura cria um elo ambíguo que proíbe todo triunfalismo. Há modéstia forçada na cura. Se se cura sem cessar, é que sem cessar a doença está em ação. Se é maravilhoso curar, não seria mais maravilhoso ainda não ter de curar?

---

[1] Bernard FORTHOMME, L'Expérience de la guérison, Paris, Les Empêcheurs de penser en rond, 2002, p. 130-131.

1 - Curar na condição de criatura: entre graça e pecado

Certamente, pode-se considerar a cura como uma vitória sobre a doença, mas esta vitória é ao mesmo tempo irrisória e provisória. Irrisória, porque a doença ou o incômodo não cede sem ter ocupado o terreno e feito sofrer, às vezes muito, às vezes muito tempo. Que se pense, entre as pessoas curadas pelo Cristo, no doente da piscina de Betesda paralisado há trinta e oito anos, no cego de nascença ou na hemorroíssa, que em vão tentou, durante doze anos, aliviar seu mal. A cura, certamente, não devolve os anos perdidos pela doença. Curar? Tanto melhor. Então, o mais rápido, mais fácil. Não fazer a vida esperar. Também não diminuir. Ora quantas vitórias à moda de Pirro que marcam de maneira indelével, deixam sequelas, ferem ou entravam para sempre a vida. Da cicatriz ao membro amputado, passando pela articulação dolorosa e o órgão fragilizado, o corpo curado é raramente um corpo indene. A doença, para sempre, fará parte de sua história, de seu dossiê médico, pois o corpo tem sua própria memória. Aquela que lhe permite, graças às vacinas, aprender a "reconhecer" tal germe para reagir mais cedo, mais eficazmente: memória positiva, memória preventiva – e como o diz a sabedoria popular: "É melhor prevenir que curar". Contudo, como não é possível prevenir tudo, há também esta memória da dor e do esforço, que parece já pronta para abdicar diante de um novo dito ofensivo, ou esta terrível memória biológica da escravidão da droga, que pode fazer recair um doente do álcool abstinente há vinte anos! Por detrás deste trabalho de sapa, sorrateiro e inevitável, é a morte que faz seu trabalho. A vida faz o que pode.

E a vida não pode tudo. Certamente, é a morte que terá a última palavra, pois se pode curar tudo, exceto a morte. No século VI antes de Cristo, o dramaturgo grego Sócrates já constatava, no elogio do homem pronunciado pelo coro de *Antígona,* que a inteligência humana encontra aí um limite intransponível: "Há muitas maravilhas neste mundo, não há maior que o homem. [...] Bem armado contra tudo, ele não se vê desarmado contra nada do que lhe pode oferecer o futuro. Só contra a morte, ele não terá jamais magia permitindo dela escapar, embora já tenha sabido imaginar mais de

13

um remédio contra as doenças mais obstinadas".[2] Nos países industrializados, não se morre mais de tuberculose, tétano, difteria: muito bem, morre-se ainda de um câncer, da AIDS, das doenças cardiovasculares. Morre-se mais tarde, sofre-se menos. Morre-se apesar de tudo. E, num sentido, é pior morrer quando alguém se curou muitas vezes. Por que não curar esta vez ainda? Os progressos espetaculares da medicina fazem que a morte seja mais e mais um escândalo, uma obscenidade. Tratar tal doença é antes de tudo um formidável avanço e recebido como tal, pois isso se torna muito depressa um fato adquirido, um débito e o olhar já se vira para outra doença, que ainda resiste. Curar não é mais maravilhoso; é não curar que é inconcebível, odioso. Viver melhor, viver mais tempo, isso não basta, isto nunca bastou, sem dúvida, mas hoje menos ainda. Ganham-se batalhas, mas não se ganha jamais a guerra; e quanto mais se ganham batalhas, mais se pergunta por que isso não faz ganhar a guerra. Diante da morte, a marca mais insuportável de sua finitude, a condição da criatura tem um gosto amargo. Não é o gosto do inacabado: é, ao contrário, o acabado demais. Se cremos ser feitos para outra coisa, onde procurá-la?

A NECESSIDADE DE CURAR SINAL DO IMPÉRIO DO PECADO

O pecado original, na origem da morte?

"Deus não fez a morte, nem se alegra com a perdição dos vivos. Criou todas as coisas para subsistirem; as criaturas do mundo são salutares e nelas não há veneno destruidor, e o Hades não reina sobre a terra; pois a justiça é imortal", afirma o livro da Sabedoria (Sb 1,13-14). Mas então de onde vem a morte? De donde vêm as doenças que levam à morte ou que

---

[2] SOPHOCLE, *Antígone,* texto estabelecido e traduzido por A. Dain e P. Mazon, revisto por J. Irigon, em *Oeuvres completes,* t. I, p. 84-85, Paris, Les Belles Lettres, 1989.

1 - Curar na condição de criatura: entre graça e pecado

entravam a vida do homem? Muitos Padres da Igreja consideraram que as fraquezas e as enfermidades que abatem os homens são o fruto da desordem e da violência que sofre a criação inteira. São Gregório Palamas (1296-1359) assim se exprime: "De onde nos vêm as fraquezas, as doenças e os outros males dos quais nasce a morte? De onde vem a própria morte? De nossa desobediência ao mandamento divino [...], de nosso pecado original no paraíso de Deus? De sorte que as doenças, as enfermidades e o peso das provações de toda sorte procedem do pecado" (*Homilias*, XXXI). Apoderando-se do fruto da árvore do conhecimento do bem e do mal, o casal humano escolheu confiar na serpente antes que em Deus; doravante, ele tem medo de seu Criador e se esconde em vez de enfrentar sua presença (Gn 3,10). Ora, a ruptura entre o ser humano e seu Criador traz consigo igualmente a ruptura entre o ser humano e a natureza, entre o homem e a mulher (Gn 3,16-19). É importante compreender que a morte e tudo o que conduz à morte não são o castigo de um deus irritado. É a consequência trágica da atitude do homem que se desvia daquele que lhe dava a vida: "É pela inveja do diabo que a morte entrou no mundo: fazem esta experiência aqueles que lhe pertencem!" (Sb 2,24).

Notemos que a doença não é mencionada entre as consequências do pecado original, como Deus as enuncia. A morte também não: o homem é mortal por sua própria origem ("pois tu és barro e tu voltarás ao barro", Gn 3,19) e não poderia aceder à imortalidade senão comendo o fruto da árvore da vida, que Deus põe fora de seu alcance (Gn 3,22). Não é, então, a condição mortal do homem que constitui uma trágica novidade, é o fato de que esta condição seja amarga e ressentida dolorosamente. A morte não veio como uma maldição, ela se tornou maldição. Do mesmo modo, o casal humano sempre foi nu, mas esta nudez é apreciada de maneira diferente antes e depois da queda: "Ora todos dois estavam nus, o homem e sua mulher, e eles não tinham vergonha um diante do outro" (Gn 2,25); por contraste, a falta faz nascer a necessidade de cobrir sua nudez, pois a serpente tinha prometido, e sobre este ponto somente ela dizia a verdade: "Vossos olhos se abrirão" (Gn 3,5). Contudo, como aceitar estar nu sob o olhar do outro – Deus ou o representante do sexo oposto – num mundo que acaba de inventar a desconfiança? A nudez pode ser vista como uma imagem da fragilidade, da vulnerabilidade, isto é, da capacidade de ser ferido: "tenho medo porque estou nu e me escondi", confessa o homem a Deus (Gn 3,10). Ora, se ninguém tem a intenção de ferir alguém, ser vulnerável não tem nenhum sentido. Em compensação, se o outro é percebido como uma ameaça, um perigo, é preciso absolutamente se proteger. As tangas de folhas de figueira que o casal humano reúne às pressas são o sinal irrisório desta urgência nascida do medo. As túnicas de pele, vestimentas verdadeiras, atestam o caráter permanente da necessidade de se cobrir. Não é preciso esquecer, contudo, que são dadas por Deus mesmo: a misericórdia divina não deixa sua criatura sem proteção, já que doravante tal proteção lhe é indispensável. Fosse sob uma forma degradada e não conforme o desígnio do Criador, é a vida que continua.

É preciso aliás notar que a doutrina dita do pecado original não se constituiu de maneira autônoma. Quando Paulo afirma que cada um de nós toma parte no pecado do primeiro homem e o ratifica de alguma sorte por seu próprio pecado e que assim nós somos solidários na falta e no sofrimento, é para pôr em relevo a amplidão da salvação trazida pelo Cristo. O paralelismo entre Adão e o Cristo que desenvolve a carta aos Romanos (Rm 5,12-21) é paradoxal: há ao mesmo tempo algo comparável (*do mesmo modo que...*) e não comparável (*mas não acontece...*). Certamente, a estrutura do raciocínio é similar e funciona, nos dois casos, sobre as mesmas antíteses – o que um só fez (pecado-obediência) e o que vale para todos (morte-vida) –, mas a desproporção é radical (*quanto mais*, v. 15 e 17). Não há primeiro o pecado, depois a salvação; é a salvação que revela, até mesmo "inventa" (no sentido etimológico de "descobrir") o pecado. Dito de outro modo, a história da salvação se decifra pelo alto (o desígnio de Deus) e pelo fim (seu acabamento). Embora seja dito "original", o pecado não é primeiro: o que é primeiro é o dom de Deus. E como "os dons e o apelo de Deus são sem arrependimento" (Rm 11,29), é bem a vida que terá a última palavra: "o último inimigo destruído é a Morte" (1Cor 15,26). Na tradição cristã, afirmar que há um elo, em nível coletivo e doravante estrutural, entre a morte e o pecado é, antes de tudo, afirmar que o Cristo nos salva do pecado e, então, da morte. Ele realiza assim o desígnio do amor de Deus que vai de sempre para sempre ("Ele nos escolheu, desde antes da fundação do mundo", Ef 1,4) e que leva sua obra a seu acabamento: "Pois eis que vou criar novos céus e uma nova terra, não se lembrará mais do passado, ele não voltará mais ao espírito. [...]Não mais recém-nascido que viva apenas alguns dias, nem velho que não complete seu tempo; pois o mais jovem morrerá na idade de cem anos, é aos cem anos que o pecador será maldito" (Is 65,17.20).

A doença, um castigo do pecado pessoal?

A despeito da simetria dos termos, a questão do elo eventual entre a doença ou a morte e o pecado muda de natureza quando tal relação é posta considerando a humanidade toda inteira ou uma pessoa determinada. Com efeito, na primeira hipótese, aquele que é doente torna visível a condição comum de vulnerabilidade, da qual ele não é mais responsável que um outro; na segunda, ele é culpável de sua doença e submetido ao julgamento dos que estão bem de saúde, cuja saúde manifesta a inocência. À dificuldade de viver a doença se acrescenta então o peso da suspeita e às vezes mesmo da rejeição pela sociedade. Entretanto, a primeira hipótese não dá conta do mistério da doença que atinge um e poupa outro; ora, para aquele que é atingido, tal questão nada tem de abstratamente metafísico, pois ela toca no coração de sua situação presente ("Por que eu?"). Pode-se achar chocante que a doença seja considerada ligada ao pecado de uma pessoa, a maior parte do tempo a título de castigo (mas não sempre: pode também se tratar de purificação ou de chamado à conversão): ao menos se trata de uma explicação, de uma tentativa para dar um sentido, fosse ele trágico, a uma experiência que o é ainda mais. Sem essa explicação, é o arbitrário mais completo, o absurdo, o não senso. É melhor, talvez, uma interpretação monstruosa que a impossibilidade radical de interpretar, pois a interpretação marca a capacidade do homem em pôr ordem no mundo, o que é particularmente indispensável quando a doença introduziu a desordem no mais íntimo da pessoa.

A questão é, então, delicada e é preciso guardar-se de eliminá-la com horror. Às vezes, dá-se prova de certa ingenuidade, considerando que a afirmação de um elo entre doença e pecado pessoal vem de uma maneira de ver arcaica, que não se admirará, então, de encontrá-la no Antigo Testamento, mas que chocará, no mais alto ponto, na boca de um canceroso tratado em Villejuif. Era bom para "os outros", mas não estamos mais lá, graças a Deus! Ora, todas as pessoas que se põem a serviço dos doentes, e em particular os capelães de hospitais, podem testemunhar: tal atitude exprime-se correntemente. É preciso admirar-se, até mesmo se escandalizar? É preciso recusá-la energicamente com grande reforço de palavras e de argumentos teológicos ou escriturísticos? Viu-se, não se trata aqui de um debate de ideias, mas de uma experiência existencial. O que está em jogo é não um saber, certo ou falso como uma resposta dos velhos catecismos, é a capacidade de dar sentido para empenhar sua liberdade de sujeito. É, então, essencial entender o que é dito e considerá-lo numa perspectiva dinâmica, mesmo que fosse hesitante.

O recurso à Escritura para esclarecer esse assunto é bastante desconcertante. Aí se encontrarão, de fato, duas posições opostas: sim, a doença está ligada ao pecado pessoal; não, ela não está. Poder-se-ia pensar, pela razão dita mais acima, que a primeira perspectiva se exprime unicamente no Antigo Testamento e a segunda no Novo. Ora, tal não é o caso, mesmo se é exato que se nota uma evolução geral no sentido da segunda perspectiva – e sobretudo uma evolução muito mais explícita para a individualização de um eventual castigo ("Aquele que pecou, é ele que morrerá", Ez 18,4), quando a importância dada nos tempos antigos ao grupo social ou familiar justificava, por exemplo, que o filho fosse atingido pelos pecados do pai. O salmista doente geme por seu pecado ("Nada de intacto em minha carne sob tua cólera, nada de são em meus ossos depois de minha falta", Sl 38,4), mas o sábio é obrigado a constatar que "há justos que são tratados segundo a conduta dos maus e há maus que são tratados segundo a conduta dos justos" (Ecl 8,14). No Novo Testamento, Paulo não hesita em afirmar aos coríntios que as desordens em sua celebração da Ceia do Senhor têm repercussões no próprio corpo dos fiéis: "eis por que há entre vós muitos doentes e enfermos e que muitos morreram" (1Cor 11,30).

O livro de Jó, todo dedicado à questão do mal, põe em cena as duas teses. Jó, "homem íntegro e reto que temia a Deus e se afastava do mal" (Jó 1,1), é contudo atingido pela doença e protesta sua inocência quando seus amigos o convidam a fazer penitência, considerando, conforme a ótica tradicional, que Jó paga por seu pecado. Diálogo de surdos: não só porque os interlocutores defendem posições opostas, mas sobretudo porque uns enunciam generalidades abstratas, ao passo que Jó grita sua angústia e sua amargura. Quando Deus intervém, enfim, não é para tomar parte no debate. Jó não teve as respostas que reclamava; o que recebeu é da ordem da experiência de uma relação de pessoa para pessoa: "Eu não te conhecia senão por ouvir dizer, mas agora meus olhos te viram" (Jó 42,5). Depois Deus proclama que Jó "falou corretamente de mim" (Jó 42,8). Ora, Jó não fez uma conferência teológica (seus amigos encarregaram-se disso!), ele exprimiu ao mesmo tempo seu cansaço e sua esperança, suas queixas, seus lamentos (mesmo contra Deus) e seus pedidos de socorro, sua certeza de ser inocente e sua perturbação. Efetivamente ele "falou corretamente", isto é, sem rodeio. Quanto ao debate sobre o elo entre doença e pecado, Deus o fecha de uma maneira duplamente irônica, primeiro fazendo de Jó, o suposto pecador, um intercessor diante de seus contraditores; em seguida cortando reto ao *dizer* (as ondas de palavra que precederam) pelo *fazer* (um ato ritual, então estreitamente codificado, de penitência): "Oferecereis por vós um holocausto, enquanto meu servidor Jó rezará por vós" (Jó 42,8).

A CURA DO CEGO DE NASCENÇA
DE "QUEM PECOU?" A "QUEM VAI PECAR?"

No Novo Testamento, Jesus adota uma atitude comparável à de Deus intervindo a favor de Jó, quando foi confrontado com a questão de seus discípulos a respeito de um cego de nascença: "Mestre, quem pecou, ele ou seus pais, para que nascesse cego?" (Jo 9,2). Certamente, a resposta corta sem ambiguidade o debate "teórico" *(Nem ele nem seus pais pecaram...),* mas a resposta anuncia que o que está em jogo é da ordem da "obra" ("... mas é para que sejam manifestas nele as obras de Deus", Jo 9,3), e de fato a resposta é seguida de um gesto eficaz a favor desse homem. Desde o versículo 7, o cego está curado: fim do episódio? Não, pois é necessário o conjunto do capítulo 9 para expor as reações que suscita este acontecimento e revelar uma polêmica nova que põe à luz (é o caso de dizer!) um jogo complexo de divisões e de solidariedade.

O cego de nascença ou o pecado feito homem

Voltemos ao versículo 2: *Quem pecou, ele ou seus pais, para que nascesse cego?* Posta nestes termos, a questão subentende uma afirmação: "essa enfermidade é devida ao pecado de alguém". Jesus não se engana e recusa em bloco a acusação subjacente. Isso não impede que a questão do elo entre a enfermidade e o pecado não seja resolvida (nem mesmo pela cura): o texto vai tomá-la sob sua responsabilidade, mas apresentando-a sob outro ângulo. Admiravelmente construído, esse episódio é um saboroso exemplo da ironia joânica.

1 - Curar na condição de criatura: entre graça e pecado

De fato, o ponto de partida é: há aqui ao mesmo tempo pecado e cegueira, pois esse homem está cego do fato de que alguém pecou. Ora o relato responde: há aqui ao mesmo tempo pecado e cegueira, pois o pecado surgiu do fato de que esse cego está curado. De um lado: o pecado está na origem da cegueira; de outro: o fim da cegueira está na origem do pecado. Em suma, o pecado, que estava colocado antes do episódio (e mesmo muito antes se referido aos pais do cego), faz interrupção no interior mesmo do episódio, do qual se torna contemporâneo. É então verdade que a questão do versículo 2 é uma falsa questão e uma verdadeira afirmação: ela tem até um valor performativo, isto é, que ela produz, que ela faz acontecer o que ela pretende examinar. As duas questões, que estão ligadas, do pecado e da origem, desdobram-se então na atualidade do relato e se aplicam aos protagonistas.

O pecado é de tal modo presente que não poderia tocar o que tem marca do passado. Assim, os pais do cego se retiram do relato, de tal modo que seu filho fica sozinho a carregar o peso do pecado ligado à sua enfermidade, já que, na lógica da questão inicial, é preciso que alguém seja pecador (então o cego, na falta dos pais). Não se trata aqui de uma traição familiar, de genitores indignos abandonando seu filho em deplorável situação diante das autoridades! Estamos no registro do símbolo. Do mesmo modo que o cego é anônimo e representa então um homem (não importa que homem) afligido pela cegueira, seus pais figuram um "passado ultrapassado", que desqualifica sua incapacidade em dar conta do acontecimento presente: "Nós sabemos que é nosso filho e que nasceu cego; mas como ele vê agora não sabemos; ou quem lhe abriu os olhos não sabemos" (v. 20-21).

Voltemos ao fato de que o homem tenha nascido cego. Este detalhe nada tem de secundário, pois é repetido várias vezes no texto. Os judeus desconfiados convocam os pais para confirmar isso, e os pais, que sabem tão poucas coisas a respeito do que aconteceu com seu filho, sabem ao menos que ele nasceu cego. Ora, a questão de partida posta pelos discípulos seria também pertinente se o homem tivesse se tornado cego durante sua vida.³ Há, então, aí uma intenção particular. O cego de nascença representa a cegueira completa, a cegueira por excelência, de certa sorte a cegueira tornada homem. Essa cegueira é "original", ela precedeu sua existência: tudo se passa para ele como se a capacidade de ver fizesse falta à raça humana. Não tendo nunca visto nada, ele não pode mesmo saber por si mesmo que ele é cego: são os outros que lhe ensinaram o que quer dizer "ver" e "não ver". Os pais do cego geraram seu filho na cegueira, o dom da vida indo de par com a enfermidade, e é porque a cura deve passar por um novo nascimento. Os pais constatam, sem explicar, que seu filho lhes escapou, que ele não é mais seu filho, já que tinham posto no mundo um cego e que este homem recuperou a vista. Acrescentemos a esse assunto que o cego é curado depois de se ter lavado na piscina de Siloé (v. 7), o que muitas vezes foi interpretado como uma alusão ao batismo; ora o batismo não é um novo nascimento?

Esse novo nascimento abre o caminho para um verdadeiro crescimento e para uma história. De fato, o cego de nascimento não pode ter história, já que sua enfermidade não a tem e que ele se confunde com ela (enquanto ele representa a cegueira absoluta, total). Ele era cego em seu nascimento, cego aos dez anos, cego aos vinte anos, cego aos trinta anos... então o mesmo aos trinta anos, vinte anos ou dez anos. Nada permite aliás lhe dar uma idade (pode-se apenas supor que ele é adulto). Compreende-se, então, porque o texto nota que os judeus requerem o testemunho dos pais. Já que nada aconteceu para esse homem, o passado tem qualidade para falar dele e até para falar em seu lugar; o que diz o cego não tem valor suficiente em si. Ora, jus-

---

³ De fato, a questão que colocam os discípulos (*Quem pecou, ele ou seus pais?*) é incoerente, pois se o cego nasceu assim, não é possível que sua cegueira seja devida a seu pecado. Exceto ver aí (opinião sustentada por alguns) o traço de uma crença na reencarnação: a cegueira seria então a consequência do pecado do cego, mas cometido em uma vida anterior. Ora a reencarnação é completamente estranha à fé judaica. Contudo, o texto tende precisamente a fazer pôr o peso do pecado no cego, ao passo que a única solução racional seria incriminar os pais. Daí o interesse de se situar no terreno do simbólico, onde o problema não se põe simplesmente.

tamente, os pais fazem notar que o homem curado não é mais, doravante, um *in-fans* (etimologicamente aquele que não fala) e que ele deve, então, tomar a palavra: "Interrogai-o, ele tem idade; ele mesmo se explicará sobre sua própria conta" (v. 21b). Eles recusam ao mesmo tempo responder *por ele* e responder *sobre ele*, o que vai na direção do acesso muito surpreendente do cego à autonomia e a uma consistência pessoal cada vez mais forte, até se fazer contraditor de modo algum intimidado pelos fariseus! Cada um doravante segue seu próprio caminho: a reação dos pais é ditada pelo medo de serem expulsos da sinagoga (ainda uma marca da ligação ambígua ao passado): é exatamente o que acontece com o antigo cego (v. 34). Se a cura do cego representa um verdadeiro acontecimento é antes porque ela lhe permite romper com seu "passado imóvel" e lhe abre uma história.

Pecado do cego, pecado de Jesus

Tendo se tornado autônomo e responsável, depois do desaparecimento dos pais, o cego, então, está sozinho para assumir o pecado que se supõe revelado por sua enfermidade. As duas grandes questões do texto, a do pecado e a da origem, aplicam-se antes a ele: de onde vem a enfermidade do cego? O cego é pecador? Mas à medida que o texto progride, as mesmas questões se põem a respeito de Jesus: Jesus é pecador? De onde vem Jesus? Naturalmente, todas estas questões estão ligadas: se a enfermidade do cego vem de seu pecado, então é evidentemente pecador; se Jesus é pecador, ele não vem de Deus. Os dois atores principais tornam-se assim solidários e o pecado suposto do cego se transmite de certo modo a Jesus, já que o pecado imputado a Jesus consiste nessa cura operada em dia de sábado (v. 16). A origem do pecado de Jesus é, então, o pecado do cego; Jesus carrega doravante o próprio pecado do cego, ele que é o "Cordeiro de Deus, que tira o pecado do mundo" (Jo 1,29). De fato, o texto continua a assumir um dos pressupostos da questão inicial: o pecado se transmite, o pecado circula. Muitos outros traços assinalam, aliás, essa semelhança crescente entre o cego e Jesus, que justifica o deslocamento que o texto opera de um a outro. Quando Jesus passa a lama nos olhos do cego, o verbo utilizado, *epichriô*, tem como raiz *chriô*, "ungir", do qual vem a palavra Cristo (que aparece no versículo 22). O cego vai lavar-se na piscina de Siloé, nome que o texto toma o trabalho de traduzir e que significa "Enviado", quando Jesus acaba de falar "daquele que me enviou" (v. 4). Os fariseus combinaram excluir da sinagoga quem confessar que Jesus é o Cristo (v. 22), ora é exatamente o que acontece com o cego, antes mesmo de sua profissão de fé (v. 34). Geralmente, o cego ocupa durante a maior parte do episódio o lugar de Jesus, que desapareceu. (Aí ainda o texto não carece de humor: quando a questão sobre a origem de Jesus – vem ou não de Deus? – vai tornar-se o tema essencial do debate, a primeira interrogação a respeito desse tema é *Onde está ele?*, v. 12). Ordenando ao cego ir a Siloé, Jesus se separa dele e, quando for procurado, ele não será encontrado, embora o antigo cego fique sozinho para prestar conta de sua cura diante dos notáveis desconfiados, e não francamente hostis. Curado graças a Jesus, mas na ausência (pela ausência?) de Jesus. Curiosamente, Jesus e o cego não se encontrarão senão quando o cego tiver sido lançado fora, como se tal reencontro exigisse uma forma de ruptura.

Enquanto que as primeiras expressões do relato sobre o cego são estritamente descritivas, acabam cada vez mais claramente por defender aquele que lhe abriu os olhos (e também a boca, parece!), isto é, a se ligar a ele. Os fariseus não se enganam e o chamam aliás de *discípulo dele* (v. 28). O cego vai até ironizar a atitude de seus contraditores (v. 27 e 30), opondo--lhes argumentos tão sólidos que eles são incapazes de refutá--los e são reduzidos a desqualificar sua palavra e a reagir pela violência: "'Desde o nascimento tu não és senão pecado e queres nos ensinar!' E eles o expulsaram" (v. 34). O cego partilha assim a sorte de Jesus: "Ele veio para os seus e os seus não o acolheram" (Jo 1,11). O mundo às avessas... Às avessas igual-

1 - Curar na condição de criatura: entre graça e pecado

mente, e até perversa a utilização que os fariseus fazem da sinagoga: o lugar de reunião (sentido etimológico da palavra) da comunidade torna-se um lugar de exclusão. Os pais aí ficam, o cego é excluído. A sinagoga reproduz, então, a lógica do pecado: se não são os pais, é o filho que é pecador; se os pais ficam na sinagoga, o filho é excluído. O pecado é então passado do cego ou de seus pais só ao cego, depois a Jesus. O fim do texto faz uma volta radical, brincando com uma ironia sábia, com a retomada dos próprios termos da questão inicial, "pecado" e "cego". E Jesus lhes replica: "se vós fôsseis cegos, não teríeis pecado" (v. 41a). Dito de outro modo, seria melhor para vós ser cegos... Infelizmente, "vós dizeis: Nós vemos! Vosso pecado permanece" (v. 41b). Agora o pecado acabou de circular, pois está ligado aos fariseus. Contudo, nenhuma condenação, nenhuma maldição em Jesus: tudo isto é da ordem do processo verbal.

Abrir os olhos sobre o pecado:
o poder revelador do corpo

Era preciso, então, evitar pôr a questão do pecado, que provocou tantas confusões? Trata-se de uma questão perigosa? Que o pecado causa problema, o texto não nega de modo algum. Poucos episódios evangélicos provocam tantas questões: não menos de quinze frases interrogativas! Ainda mais, levantam-se onze ocorrências dos verbos "saber" e "não saber". Vale dizer que o texto não tem domínio sobre o debate, nem sobre a pesquisa da verdade. Contudo, que utilização cada um dos protagonistas faz do que sabe e do que não sabe? Os pais se atêm aos fatos: eles sabem que seu filho nasceu cego, mas não sabem como vê agora; por medo dos judeus, eles recusam envolver-se em uma pesquisa pessoal neste assunto. Os judeus sabem (ou creem saber) "que este homem [Jesus] é um pecador" (v. 24). O que eles não sabem é um motivo de desconfiança, até mesmo de rejeição: "Nós sabemos,

25

nós, que Deus falou a Moisés, mas esse, não sabemos de onde é" (v. 29). Quanto ao cego, ele mostra antes uma atitude prudente, que recusa concluir muito depressa: "Se é um pecador, não sei; só sei uma coisa: eu era cego e agora vejo" (v. 25). Depois ele se anima até a contradizer os judeus, retomando ironicamente os mesmos termos, mas em ordem inversa: "É de fato surpreendente: que vós não saibais de onde ele é e que ele me abrisse os olhos. Nós sabemos que Deus não escuta os pecadores, mas sim quem é religioso e faz sua vontade, esse ele o escuta" (v. 30-31). Há, enfim, os que não sabem mesmo que não sabem: "Acaso também nós somos cegos?" (v. 40), protestam os fariseus. Eles se acham assim na situação do cego de nascença, que não pode nem mesmo saber que não vê. A cegueira mudou de natureza (cegueira física e cegueira espiritual) e de pessoa (o cego e os fariseus), conforme o que Jesus exprime de sua missão: "É para um discernimento que eu vim a este mundo: para que os que não vêm, vejam e que os que vêm se tornem cegos" (v. 39).

Nessa perspectiva, considera-se muitas vezes que o texto passa do menos importante ao mais importante, quando o interesse se desloca do cego, cuja cegueira é física, para os fariseus, cuja cegueira é espiritual. De fato, é mais grave ser cego em seu coração do que em seu corpo; deduzir-se-á que esse episódio (e o evangelho de João em geral) confirma a superioridade do espiritual sobre o material. Ora o texto atribui ao contrário uma real importância ao corpo, já que tudo repousa sobre a cura de uma cegueira física. A questão de saída sobre o elo entre o pecado e a enfermidade volta a admitir que o corpo tem o poder de revelar o coração. A cegueira do cego torna visível seu pecado (isto é, alguma coisa invisível); ela manifesta, então, a verdade (e tanto pior se ela é importuna ou desagradável para o interessado): o estado do corpo é considerado resposta ao estado do coração ou da consciência, mostrando o que é interior, então escondido. Ora a continuação do episódio continua realmente a assumir e a pôr em cena este poder revelador do corpo. Se o gesto de Jesus incomoda é porque a cura é visível e faz brilhar os poderes sobrenaturais de Jesus. Torna-se insustentável não tomar partido em relação a essa cura, não propor uma interpretação que dê conta da eficácia (muito além das capacidades humanas) da intervenção de Jesus. E a dinâmica da cena chega a isso: tornar visível – exceto a seus próprios olhos! – o que os fariseus têm no coração, manifestar sua verdadeira atitude, isto é, o fechamento, seu íntimo, a recusa do que é estranho a sua maneira de pensar. Expulsar o antigo cego é para eles uma necessidade, pois rejeitar Jesus implica rejeitar quem testemunha à evidência seu poder: o corpo curado tornou-se o "corpo do delito".

Então é justo, na perspectiva joânica, manter e até demonstrar que o corpo é revelador, que faz surgir e sair o que o coração esconde, e às vezes se esconde a si mesmo. Jesus veio curar todas as cegueiras. Aliás, antes de curar o cego, ele o torna duplamente cego, como para fazê-lo assumir uma cegueira aumentada e agravada. Com efeito, o "tratamento" começa paradoxalmente pela aplicação de lama sobre os olhos mortos (v. 6): ora, se este gesto era realizado sobre um homem normal, teria precisamente por consequência tapar-lhe os olhos, então fazê-lo cego. É esta "camada suplementar" da cegueira que o cego vai lavar na piscina de Siloé e que produz sua total cura. Tudo se passa como se fosse preciso experimentar o cúmulo da cegueira para ser curado. Contudo, o cego sobretudo obedeceu "cegamente" à voz de Jesus, o que os fariseus estão longe de estar prontos para fazer.

Vê-se a que ponto a questão do pecado pessoal e da origem do mal no mundo são questões fundamentais: o problema não é colocá-las, mas responder-lhes muito rapidamente no sentido da acusação de outrem e da autojustificação (se o cego é pecador, então aquele que não o é, é justo). O pecado introduz a divisão, mas ela não passa forçosamente onde se crê: finalmente, não é sem risco separar os pecadores e os justos... Os fariseus (etimologicamente os "separados") passaram-se por mestres no uso da exclusão sem ver que agindo assim se excluem a si mesmos da salvação. Ao contrário, Jesus vem manifestar a solidariedade de

27

Deus, tomando sobre si o pecado do cego. Esta cura é um gesto que o revela profundamente e que opera o "discernimento" evocado no versículo 39. Ela obriga cada protagonista – e não apenas o cego – a tomar posição em relação a ela. Aí surge eventualmente o pecado: chamar Jesus de um pecador, isto é, recusar reconhecer que ele vem de Deus e que "faz as obras daquele que o enviou" (v. 4). Sim, a questão posta pelos discípulos é excelente: "Quem pecou?" A resposta depende de cada um dos que a ouvem.

Curar para amar e saborear a condição de criatura

Se a cura resiste à análise teórica, é que ela surge antes da experiência, do que é sentido e experimentado antes de ser conhecido; se ela se subtrai à explicação, é que ela é um mistério. Além dos males e aquém das palavras, a cura fala sua própria linguagem. É um mistério ao mesmo tempo alegre, luminoso, doloroso e glorioso. Alegre, porque a vida é dada de novo; luminoso, porque a vida brilha; doloroso, porque a vida é sem cessar atacada; glorioso, pois a cura manifesta a vocação do homem à vida eterna, isto é, a vida em plenitude com Deus, seu Criador. A criação geme na espera da reconciliação com seu Criador, que o Cristo veio, de um mesmo movimento, anunciar, prometer e inaugurar, mas tal reconciliação supõe assumir e mais ainda amar e respeitar a condição de criatura. Se o homem é destinado à partilha da vida divina, não é para abolir sua condição, como se ela fosse julgada provisória e inferior: é o Tentador que ensinou ao homem a considerar assim o dom de Deus. Deus, ao contrário, criou o homem "a sua imagem e a sua semelhança" (Gn 1,26), de modo que a divinização do homem é o apogeu do desígnio criador. A condição de criatura não é uma escravidão: é o pecado que escraviza, designando falsamente Deus como o adversário do homem, como um dono invejoso e desconfiado que mantém seus melhores dons guardados. A cura, que o homem recebe mais frequentemente da natureza e de sua capacidade de cuidar, mostra ao contrário a que ponto Deus quis que sua obra gozasse de uma existência autônoma: eis aí o dom mais conforme com seu projeto de amor, pois ele constitui as pessoas livres e de pé, disponíveis para entrar numa relação pessoal e confiante.

A cura ensina a amar a condição de criatura, não que ela seja uma condição ferida, mas precisamente por causa disso. Já que a cura supõe a doença, ela não pode, jamais, minimizá--la, negá-la ou esquecê-la: quem faz a experiência da cura é também quem experimentou em sua própria carne o domínio do sofrimento e da angústia. A cura faz desejar não ter nunca mais que ser curado, mas ela revela quanto a vida é frágil, preciosa e então infinitamente desejável. Como gozar da condição de criatura sem experimentar sua amargura? E como experimentar essa amargura sem aí decifrar um obscuro e muito profundo movimento de revolta, uma sublevação de todas as fibras de nosso ser contra a morte e o que conduz à morte – marca irrefutável de que somos feitos para a vida, destinados à vida, chamados à vida? Contra a tentativa de viver na superfície de si mesmo, doença e cura fazem experimentar "a largura, o comprimento, a profundidade e a altura" (Ef 3,18) do mistério do homem e do desígnio divino de amor de que ele é ao mesmo tempo o beneficiário e o ator. Ninguém é proprietário de sua cura, ninguém é seu dono, mas ninguém é curado sem ter ao menos consentido, mesmo que obscuramente com sua cura: o mesmo acontece com a salvação.

Tal é o projeto de Deus para sua obra, projeto que o pecado pode caricaturar, mas não anular. Ora, curar revela e faz surgir tudo o que é cúmplice do pecado, tudo o que resiste ao dom de Deus, tudo o que recusa a necessidade, e então a possibilidade de curar. De fato, como a cura supõe a doença, é impossível ser curado sem estar doente e sem reconhecer que se está; em compensação, é possível estar doente sem ser curado. Como o mostra o episódio do cego de nascença, a cura jamais é anódina: já que introduz mudança (até mesmo transtorno), é preciso mudar com ela, e é verdade ao mesmo tempo para aquele que cura e para os que são testemunhas da cura; pois se um corpo é curado, é porque traz e manifesta a condição comum de pecado e de vulnerabilidade. Recusar ser tocado por essa cura é submeter-se à ordem do "diabólico", isto é, etimologicamente, do dividido e da divisão. A cura, ao contrário, é a figura, necessária e vivificante, da reconciliação da criatura e de seu Criador, pela qual o Filho dá sua vida.

2 - Curar para terminar a obra da criação, em vista da criação nova

A cura não se impõe, ela surge. Ela não se compra, ela é dada – ainda é preciso recebê-la, isto é, dar-lhe hospitalidade nesta carne que ela visita graciosamente. Sim, é a duplo título que a cura é uma "medida de graça": como o sugere a metáfora jurídica, ela é uma redução de pena, às vezes até uma suspensão à condenação à morte; conforme a imagem evangélica, ela é esta *boa medida, calcada, sacudida, transbordante* que Deus quer derramar em nossa carne, sob a condição somente de que nossa capacidade de acolhida responda a sua liberalidade, "pois com a medida com que medirdes se medirá para vós em retorno" (Lc 6,38). A cura é sem condição, a não ser, precisamente, a condição de criatura, em que ela nos é dada. Contudo, tomar a medida de nossa condição de criatura, reconhecê-la, assumi-la e amá-la como o que nos constitui diante da face do Criador, eis um caminho oferecido a nossa liberdade e a nossa responsabilidade. Propõe-se marcar aqui alguns pontos de passagem – e pode-se entender a palavra em seu sentido pascal. Nós continuaremos a pôr em relação os dois começos, a criação do primeiro homem e a manifestação do novo Adão. Tal percurso não teria sentido se os versículos liminares da Escritura fossem considerados como da história antiga. Pode-se optar ao contrário por ler aí uma notícia que é já Boa-Nova e apostar na juventude do Gênesis. Cada um de nós é o primeiro homem, a primeira mulher, já que cada um faz, por si mesmo, a experiência fundadora da graça e do pecado, da vulnerabilidade e da misericórdia. A história de Israel é nossa história, espelho de nossas resistências e da fidelidade de Deus; e a fé nos torna contemporâneos do acontecimento Jesus Cristo.

Não é questão de partir "à procura do tempo perdido", mas de desdobrar o tempo das origens para aí decifrar o chamado que não cessa de dirigir ao homem aquele que é "o Alfa e o Ômega, o Princípio e o Fim" (Ap 22,13).

UMA CRIAÇÃO EM CANTEIRO DE OBRAS
O HOMEM COOPERADOR DA OBRA DE DEUS

Porque o tempo é a trama do primeiro relato da criação, esse pode concluir-se assim: "Tal foi a história do céu e da terra, quando foram criados" (Gn 2,4a). De fato, o tempo abre o caminho para a história, no duplo sentido do acontecimento e do relato que dele é feito. A condição de criatura é tecida de tempo e de história; ela se vive e é dita no tempo e na história. O segundo relato da criação vai particularmente assumir esse aspecto contando a história da criação como uma história aberta, não concluída, com a diferença do primeiro relato, acabado pelo sétimo dia, assim que sublinha o versículo 4a. Essa história é aberta porque balança na história do mundo, que é também infelizmente a história do pecado. Contudo, não antecipemos! A primeira história que conta esse relato é com efeito muito positiva: é a longa criação do homem, pois Deus toma seu tempo, o tempo que é preciso, para que o ser modelado com a terra do solo se torne plenamente humano, tornando-se casal, isto é, misteriosa e fecunda diferença.

A criação da mulher, como uma ferida

Esta criação, toda divina que seja, não poupa tentativa e ensaio, mas também melhoramento: "não é bom que o homem esteja só", constata Deus (Gn 2,18), em contraste com o refrão do primeiro relato: *E Deus viu que isso era bom*. É preciso admirar-se disso? Por esse procedimento literário, o autor sagrado nos faz ver uma criação "em canteiro de obras", uma criação dinâmica e inclinada

2 - Curar para terminar a obra da criação, em vista da criação nova

para o que é ainda melhor, ainda mais belo. Contudo, para isso, é preciso fazer um lugar que falta, saber tomar sua medida, deixá-lo exprimir-se. Assim, a criação dos animais não basta para preencher a solidão do homem: "Ele não encontrou a auxiliar que lhe correspondesse" (Gn 2,20). Trata-se de um fracasso? Sim, se se faz da mulher a simples resposta a uma carência do homem, como uma peça de quebra-cabeça a ajustar; não, se se considera que a jogada essencial é tornar o homem capaz de entrar em relação, o que supõe tanto a criação da mulher quanto a conversão do homem! No primeiro caso, a falta é de certo modo exterior ao homem; no segundo, a falta é existencial, ligada à identidade profunda do homem, ser feito para a relação, tanto com Deus como consigo mesmo.

A relação supõe ao mesmo tempo a diferença e a implicação: é porque, ao passo que os animais foram modelados com a lama do solo, a mulher é feita a partir do homem, uma sorte de "alteridade alterante". É uma parte de seu próprio corpo, isto é, dele mesmo, que o homem deve dar – e que, aliás, ele dá sem saber nem querer, pois é Deus que toma a iniciativa, sabendo melhor que o homem o que lhe convém. Uma operação que não acontece sem violência: Deus aqui não cura, ele começa, ao contrário, por ferir, por dar um golpe na integridade física do homem. A mulher "tirada do homem" (Gn 2,23), afirma este último, foi antes arrancada de sua carne, que Deus torna a fechar como hábil cirurgião; e o sono misterioso caído sobre o "paciente" tem algo de mais inquietante que uma afável anestesia, assemelha-se ao coma. O melhor que acontece assim na criação, como testemunha a surpresa do homem (Gn 2,23), é o final de uma história que assumiu dois riscos: um, potencialmente mortal, de abrir o corpo do homem e outro de não ir muito depressa. Contudo, precisamente o pecado original, o pecado na origem de todo pecado, é um pecado contra o tempo: tomar imediatamente o que foi colocado a distância, apropriar-se do que deve ser um dom. "No dia em que comerdes [do fruto da árvore]" (Gn 3,5), sussurra a serpente; e é a mulher que toma a iniciativa de fazer chegar esse dia, abrindo assim outra história, longa e dolorosa.

Contudo, não é o pecado que introduz a história na criação. A criação da mulher mostra que entra no desígnio de Deus que sua obra seja "infinita", isto é, não acabada e num sentido não perfeita (de tal modo que a perfeição é uma forma de muro e de autossuficiência). O que termina essa criação é exatamente a relação, isto é, o risco da confiança e da liberdade, a vontade de se ligar a um outro e de depender dele: uma forma de aventura, de salto no desconhecido. Deus consente com a fragilidade de sua obra, razão pela qual o pecado pode irromper nela. Embora os dois relatos da criação sejam muito diferentes, eles se unem por esta sorte de restrição que marca a obra divina. No primeiro relato, é a restrição do sétimo dia que suspende o tempo, que suspende o trabalho de Deus (Gn 2,2-3). No segundo é a restrição que introduz a criação da mulher, a alteridade, já que é preciso dar lugar para a liberdade de uma pessoa. Como a medida de fermento colocada na massa, como o grão de trigo escondido no seio da terra, a criação guarda em reserva um tesouro, prometido a uma revelação, à tirada de um véu, que não é a simples reparação do prejuízo causado pelo pecado: "proclamarei coisas ocultas desde a criação do mundo" (Mt 13,35 citando o Sl 78,2).

O trabalho do homem, necessário para a criação

O segundo relato da criação, notando que "no tempo em que o Senhor Deus fez a terra e o céu, não havia ainda nenhum arbusto dos campos sobre a terra e nenhuma erva dos campos não tinha ainda crescido", dá uma dupla explicação a essa situação de infecundidade: "pois o Senhor Deus não tinha feito chover sobre a terra e não havia homem para cultivar o solo" (Gn 2,5). É porque Deus, tendo "plantado um jardim em Éden" (Gn 2,8), nele coloca o homem "para o cultivar e guardar" (Gn 2,15). A criação não é uma obra de Deus que seria em seguida oferecida ao homem: o verdadeiro, o grande presente de Deus ao homem é tomar parte na obra da criação. É nisso que o homem é o acabamento da criação, o que os dois relatos

2 - Curar para terminar a obra da criação, em vista da criação nova

dizem cada um a seu modo. O primeiro relato, porque coloca o homem no cume da escala das criaturas, o último a aparecer, como obra-prima e fecho de abóbada, ele que Deus fez "à nossa imagem, como nossa semelhança, dando-lhe a missão de dominar sobre os peixes do mar, os pássaros do céu e todos os animais que rastejam sobre a terra" (Gn 1,27-28). O segundo relato inverte a ordem da criação do homem e dos animais, mas é para melhor manifestar que o animal não está no mesmo plano que o homem, de uma parte, porque o homem lhe dá um nome (o nome, na cultura bíblica, está ligado ao poder de conhecer a identidade profunda) e de outra parte porque só a mulher, tirada do homem, será para ele uma companheira apropriada.

Ora o homem, convidado a cultivar o jardim onde "cresce do solo toda espécie de árvores formosas de ver e boas para comer" (Gn 2,9), foi ele mesmo modelado "com a lama do solo" (Gn 2,7). De modo que o objeto do trabalho do homem, o solo, não lhe é completamente estranho, é sua própria origem, sua própria natureza, em sua materialidade densa e obscura. A humanização se cultiva e o fruto da cultura é a humanização. É precisamente esta relação fundamental que o pecado perverte, sublinhando-a totalmente: mas não é essa mesma relação que é a fonte ou o fruto do pecado. "Maldito seja o solo por causa de ti! Com o sofrimento tirarás dele subsistência todos os dias de tua vida [...] até que retornes ao solo, pois tu dele foste tirado" (Gn 3,17.19). A função destinada ao homem pecador não mudou: "O Senhor Deus o expulsou do jardim do Éden para cultivar o solo do qual ele tinha sido tirado" (Gn 3,23). O que era uma participação na obra divina e uma missão não cessou de sê-lo, mas se torna difícil, ambíguo, conflituoso. Não é dito, bem ao contrário, que este trabalho do homem não será mais fecundo. É dito, infelizmente, que esta fecundidade será doravante penosa e incerta.

Inscrita na ordem da criação, a cura é, igualmente, o fruto da colaboração do homem na obra de Deus. "Cultivando" não só o solo, mas o que ele simboliza, isto é, todas as suas capacidades

35

humanas, o homem descobre novos meios de curar que são tantas atualizações das maravilhas da criação. Tudo o que surge da medicina, longe de fazer sombra ao poder de Deus, rende-lhe homenagem. Com efeito, ela é o fruto desses dois recursos pelos quais o homem manifesta que ele é criado *à imagem e à semelhança* de Deus: a inteligência e o coração. A inteligência, para explorar os mistérios do corpo humano e descobrir na criação os remédios que aliviam seus males; o coração, para pôr tão preciosos recursos à disposição de todos. Um não vai sem o outro, pois um e outro são indispensáveis para curar: nenhuma técnica, por mais sofisticada que seja, tem sentido se não é empregada por compaixão para com aquele que sofre, na finalidade de aliviar seus males. E um dos dramas de nossa humanidade não é que os meios de curar sejam tão mal partilhados? "Os doentes estão no sul e os medicamentos no norte", pôde dizer Bernard Kouchner a respeito das dificuldades de acesso das populações dos países do terceiro mundo aos tratamentos contra a AIDS... Ao contrário, quando é dado a cada um ser mais bem cuidado, o homem imita plenamente a generosidade e a sabedoria do Criador.

É por isso que a tradição cristã, em consequência da tradição bíblica, presta homenagem à medicina e aos que a exercem: "Honra o médico por seus serviços, pois ele também foi o Senhor que o criou. É de fato do Altíssimo que vem a cura, como um presente que se recebe do rei. A ciência do médico o faz trazer a fronte erguida, ele é admirado pelos grandes. O Senhor criou da terra os remédios, o homem sensato não os despreza. [...] É ele também que dá aos homens a ciência para que pudessem glorificá-lo por suas obras poderosas. Com os remédios o médico cura e acalma a dor; o farmacêutico faz misturas. E assim suas obras não têm fim e por ele o bem-estar se espalha sobre a terra" (Eclo 38,1-8). Vê-se aqui quanto a autonomia da criação é um efeito da benevolência do Criador e de uma dupla generosidade: de uma parte fazer surgir da terra as plantas que curam; de outra parte, tornar o homem capaz

2 - Curar para terminar a obra da criação, em vista da criação nova

de utilizar esse dom. É então bem ao homem que voltam o poder e a responsabilidade de pôr à luz a que ponto a criação é boa e sábia. A *ciência do médico* e a habilidade mais técnica do *farmacêutico* conjugam-se para ajudar a dinâmica própria da obra divina que está para se realizar.

A estrutura eucarística da cura

A liturgia eucarística faz alusão a este mistério da colaboração do homem na obra divina quando apresenta o pão e o vinho em oferenda: *Tu és bendito Senhor Deus do universo, tu que nos dás este pão,/ este vinho, fruto da terra/ da vinha e do trabalho dos homens; nós o apresentamos a ti: ele se tornará o pão da vida/ o vinho do Reino eterno.* Já que Deus confiou ao homem o cuidado de fecundar a criação por seu trabalho, o homem tem alguma coisa a apresentar a Deus e pode ainda render graças (sentido da palavra "eucaristia") bendizendo a Deus. O pão e o vinho do Reino não caem do céu: eles são este pão e este vinho terrestres transformados pelo poder do Espírito, de sorte que o homem tem a honra, por seu trabalho, de manifestar o Reino já presente. Essa estrutura eucarística é fundamental; ela deve dar forma a toda nossa vida, inclusive à experiência da cura. Com efeito, essa experiência é fruto da natureza, esta capacidade de curar que Deus pôs no corpo dos vivos é fruto da inteligência do homem, capaz de ajudar e estimular este primeiro dinamismo. A cura é então um dom do Deus criador, mas esse dom não nos dispensa em nada de exercer nossas responsabilidades, ao contrário, ele as inclui. E é na medida em que nós apresentamos a Deus esse dom inaudito de ser associado a sua obra que ele pode tomar um sentido novo, como o pão se torna *pão da vida* e o vinho *vinho do Reino eterno.* É pela ação de graças que o homem reconhece o dom de Deus, que é ao mesmo tempo o que Deus dá e o que Deus ordena, no duplo sentido de "prescrever" e de "pôr em ordem". Dar graças é sempre um ato de "reconhecimento" nas duas acepções do termo: gratidão e releitura, discernimento. A cura que não é *fruto da terra e*

37

do trabalho do homem não pode ser objeto da ação de graças, não tem essa estrutura eucarística que a torna capaz de responder ao amor do Deus criador. Não se trata de negar a existência e o valor das curas ditas "miraculosas", que solicitam aliás elas também o *trabalho do homem*. Contudo, seria um grave contrassenso considerá-las como únicas dignas de atenção, até mesmo as únicas dignas de ser atribuídas a Deus, de sorte que a cura dita "natural" não teria nenhuma relação com o dom de Deus. Considerar que a cura vem seja de Deus seja do homem e que há uma espécie de concorrência entre os dois, de modo que para render homenagem a Deus, é preciso negar a parte do homem, é retomar a linguagem da serpente tentadora.

Curar no tempo, tomar o tempo de curar

Nós vimos que Deus mesmo toma o tempo que é preciso para terminar a criação do humano criando o casal e abrindo assim uma história. Para o homem, curar na condição de criatura é aceitar a mediação do tempo e da história. Pecar contra o tempo é recusar tomar o tempo de estar doente e o tempo de ser curado. É também entreter a ilusão do retorno à saúde perfeita de antes da doença, como se não houvesse doença. É que o tempo da doença é muitas vezes um tempo desorientado e desorientador. Por pouco que a doença seja de certa gravidade, ela impõe renunciar a suas atividades habituais ou restringi-las, transtornando por alguns dias ou muito mais a planificação muitas vezes laboriosa das tarefas a cumprir. O doente, marginalizado, não partilha mais os ritmos sociais ordinários. Ele descobre um tempo desestruturado e desconcertante, logo dramaticamente longo (o dia que não acaba mais, a longa espera dos resultados de um tratamento, as noites de insônia), logo dramaticamente curto (a operação temida, até mesmo o fim mortal). O futuro não tem mais o mesmo sentido. Esse tempo parece vazio, improdutivo. E em nossa sociedade que privilegia a hiperatividade – mesmo o fato de estar ocioso ou estressado é

2 - Curar para terminar a obra da criação, em vista da criação nova

no fundo valorizador –, ser incapaz de fazer algo é muito desconfortável, até mesmo angustiante e humilhante. Em certas profissões ou certos meios, é inconcebível tomar o tempo de estar doente e de parar alguns dias por causa de uma gripe ou uma bronquite: antes se encher de medicamentos que renunciar a se crer indispensável... Paradoxalmente, o *trabalho do homem* que a cura exige pode tomar a forma de uma renúncia, muitas vezes custosa, à agitação furiosa, à fuga no ativismo.

Quando não é mais possível negar a doença porque ela se impõe de maneira muito evidente, há ainda a tentação também ilusória de negar o próprio tempo da doença. "Imaginação de reencontrar a integralidade do que foi perdido, de voltar ao antes da doença, mas sem nada mudar na maneira de viver de antes. [...] quantos pacientes têm a impaciência destes jogadores apressados em retomar a partida interrompida, com as mesmas cartas, lá onde ela foi provisoriamente parada? [...] Sei que é frágil todo desejo de cura que entreteria a ilusão de uma volta à saúde de antes."[1]

A cura consiste, então, em percorrer em sentido inverso e o mais depressa possível o caminho que conduziu da saúde à doença. Então, a cura não traz nada de novo, ao contrário, ela faz recuar, voltar ao conhecido. Ela não tem, então, nada a ver com uma criação. Ela se limita a ser o oposto aritmético da doença, a fim de anulá-la, idêntica em valor absoluto, mas afetada do sinal contrário. Ela não traz nada, restitui simplesmente o que a doença arrancou. No fundo, essa cura é uma pura imitação da doença. Para que a cura seja outra coisa e não a doença e mais que a doença, é preciso aceitar que a doença seja ela mesma alguma coisa, que ela tome tempo, que tome seu tempo – e o nosso. Visar a volta ao ponto de partida é recusar o presente e ignorar o futuro, identificando-o com o passado; é também recusar a doença e ignorar a cura, identificando-a com a contradoença. Só uma justa relação com o tempo faz surgir o novo.

---

[1] BAUD, René-Clau de. "Guérir, qu´est-ce à dire?", *Christus*, "Guérir. Une conquête ou un don", n. 159. juil. 1993, p. 265.

AS CURAS DO CRISTO, RESPOSTA À ESPERANÇA DE ISRAEL E ACABAMENTO DA OBRA DE DEUS

Já que Deus toma seu tempo para criar o homem, ele não age de outro modo para salvá-lo. A salvação é antes de tudo uma história, a longa história da paciente revelação que Deus faz de si mesmo ao povo de Israel. Quando o Cristo nasce entre os homens, seus irmãos, eis aí séculos que os profetas anunciaram sua vinda, em uma verdadeira educação à esperança. As duas genealogias de Jesus (Mt 1,1-17 e Lc 3,23-38) sublinham seu enraizamento numa família, num povo, numa tradição. Contudo, se o Cristo, enquanto homem, é o herdeiro de uma história, enquanto Deus, é seu dono. A liberdade com a qual ele cura "a tempo e a contratempo" (2Tm 4,2) manifesta a que ponto sua missão ultrapassa todas as fronteiras e todas as estreitezas do pecado, porque ela tem sua fonte neste dia em que a vida irromperá do túmulo.

As curas, sinais messiânicos: qual cumprimento da Escritura?

Quando João Batista aprisionado, tendo ouvido falar da pregação de Jesus, envia dois de seus discípulos para lhe perguntar: "És tu o que deve vir ou devemos esperar um outro?" (Lc 7,19), ele apresenta uma questão fundamental em relação à identidade de Jesus. Se João Batista recusou ser tomado pelo Messias, o enviado de Deus, é para que um outro seja reconhecido como tal, recebido e escutado como tal. A jogada é enorme, na medida da história do povo santo: está satisfeita a esperança de Israel? Está realizada a promessa divina? Ora a perplexidade de João é perturbadora: o profeta intransigente, com a palavra vigorosa e inteira, exprime uma dúvida. O Precursor parece não reconhecer aquele cuja vinda anunciou. Se João ignora se Jesus é o Messias, quem

2 - Curar para terminar a obra da criação, em vista da criação nova

saberá? Segundo que critério, segundo que sinal indubitável dar-se-á ou não este título a Jesus? A conduta de Jesus pode bem ser desconcertante, ela ao menos deve ser decifrável, interpretável, capaz de assumir esta longa história de esperança e de espera. A resposta de Jesus aos enviados de João é original, pois não consiste antes numa palavra, mas em gestos. "Nesta hora, ele curou muitas pessoas afligidas por doenças, enfermidades, espíritos maus e deu a vista a muitos cegos. Depois ele respondeu aos enviados: 'Ide contar a João o que vistes e ouvistes: os cegos vêm, os coxos andam, os leprosos são purificados e os surdos ouvem, os mortos ressuscitam, a Boa-Nova é anunciada aos pobres; e feliz aquele que não ficar escandalizado por causa de mim!'" (Lc 7,21-23). A resposta de Jesus a João Batista é posta na relação de dois elementos que não pertencem ao mesmo registro. De uma parte, as curas, particularmente abundantes (dupla menção de "muito"); de outra parte, a Escritura, na ocorrência diversos empréstimos do profeta Isaías. De um lado, o gesto; de outro, o livro, isto é, a história e o passado, o que está escrito, fixo, transmitido. Ora é preciso sempre pôr esses elementos em relação para compreender a Revelação. Sem as curas, a Escritura fica letra morta; sem a Escritura, as curas são mudas e não dizem, literalmente, nada a ninguém. As curas fazem brilhar a juventude da Escritura já que a palavra de vida anunciada há muito tempo se torna a palavra realizada aqui e agora, contemporânea de seus ouvintes. Reciprocamente, a Escritura enraíza as curas numa longa história; ela as carrega com um peso de esperança e de espera que as preserva do delírio, de perambular, da inconsistência. O encontro entre a ação do Cristo e o eco da Palavra concorre para designar Jesus como Aquele que vem realizar a promessa de Deus.

A conclusão do episódio parece evidente: Jesus realiza sinais messiânicos, então é certamente o Messias. Então, por que acrescentar *feliz aquele que não se escandalizar por causa de mim*? A realização é paradoxal: Jesus não realiza o programa que o profeta Isaías teria traçado a sua intenção séculos antes; Jesus não se deduz da Escritura. Aliás, a relação de Jesus com a Escritura nada tem de servil. Pode-se notar, por exemplo, que Jesus, citando várias passagens de Isaías, como o primeiro versículo do capítulo 61, omite uma parte: *anunciar aos cativos a libertação e aos prisioneiros a soltura.* É verdade que Jesus se dirige a João, um prisioneiro que não será solto... detalhe, certamente, mas que pode ajudar a perceber que a realização da Escritura não é coincidência entre o que ela diz e o que acontece. Se fosse suficiente conhecer a Escritura para reconhecer que Jesus é o Messias anunciado, como se conheceria uma pessoa em sua foto ou em seu retrato, todo judeu piedoso poderia chegar a essa conclusão, e João mais que um outro, ele cuja missão Lucas põe em relação com palavras de Isaías (Lc 3,3-6). A esse respeito, é significativo que Jesus fale de *tropeçar* por causa dele – literalmente, de ser "escandalizado" – quando João viera "para preparar os caminhos do Senhor, tornar retas suas veredas" (Lc 3,4), conforme uma citação de Isaías (40,3), que se encontra duas vezes em Lucas, uma vez na boca do próprio Jesus (Lc 7,27). Não que a missão de João seja um fracasso aos olhos de Jesus, mas se trata de passar a uma outra ordem.

Eis porque, afirma Jesus depois da partida dos enviados de João, "maior que João entre os filhos das mulheres, não há; e contudo o menor no Reino de Deus é maior que ele" (Lc 7,28). A expressão "os filhos das mulheres" coloca João do lado do puramente humano, da descendência (então do passado) e da geração natural, do que sempre foi assim (os filhos nascem das mulheres). Ora, o paradoxo do maior e do menor sublinha que as maneiras habituais de pensar e de agir se tornam caducas quando se trata do Reino. De João a Jesus, do representante da espera de Israel *Àquele que vem,* há então uma relação complexa, que conjuga a continuidade necessária e a ruptura mais necessária ainda. João preparou os corações para acolher Jesus, mas acolher Jesus é sempre um salto. A Escritura, patrimônio comum de João e de Jesus, fruto da tradição e da história sagrada de Israel, é um ponto de apoio indispensável para fazer essa passagem, com a condição de pôr previamente que é Jesus que interpreta a Escritura e não o inverso: ele é, em relação a ela, o ponto de partida, não o ponto de chegada. Também convém pensar a realização da Escritura indo de Jesus à Escritura e não o inverso.

Curar no dia do sábado: a urgência da obra de Deus, mais forte que a transgressão

O leitor dos evangelhos não pode deixar de ser impressionado pelo número de curas que Jesus opera precisamente no dia do sábado e não é necessário que seja versado no cálculo das probabilidades para refutar a coincidência estatística em benefício da intenção teológica... Parece que essas curas exprimem um aspecto particular da identidade e da missão de Jesus. Entre os sinóticos, é Lucas que relata mais episódios explicitamente ligados ao sábado, seis ao todo, e quatro são curas: o demoníaco de Cafarnaum (Lc 4,31-37), o homem com a mão seca (Lc 6,6-11), a mulher recurvada (Lc 13,10-17), o hidrópico (Lc 14,1-6). Em João, encontra-se a cura de um enfermo (Jo 5,1-18) e do cego de nascença (Jo 9). Que Jesus faça expressamente cura no dia de sábado é tudo menos insignificante. Com efeito, os judeus piedosos e em particular os fariseus consideram que se trata de um trabalho contrário ao repouso prescrito, observância que começou, depois do exílio, a tomar um grande peso no judaísmo. Tais gestos podem até passar por provocação e, de fato, em boa parte alimentam o afrontamento entre Jesus e os judeus que lhe são hostis. Este aspecto dá à cura uma cor particular: não se trata mais somente de um acontecimento alegre e mesmo maravilhoso, de uma bênção, de uma vitória da vida; pois se alguém é curado, Jesus, ele, agrava seu caso: "Sua mão foi recolocada no estado normal; mas eles [os escribas e os fariseus] ficaram cheios de raiva e eles combinaram sobre o que poderiam fazer a Jesus" (Lc 6,10-11). O risco é mesmo duplo para ele: indispor ainda adversários influentes e, mais essencial sem dúvida, lançar a confusão quanto a sua missão e a sua identidade. De fato, expõe-se a passar por insolente diante da Lei de Moisés. Ora como poderia ser ele um enviado de Deus, um profeta, talvez mesmo o Messias se não respeita um dos preceitos mais fundamentais da lei judaica? Certamente, o judaísmo não conhece, sobretudo nesta época, instância normativa equivalente ao magistério entre os católicos. A maneira que convém de observar o sábado é então assunto de interpretação e de debates entre os especialistas da Lei, e o rabi Jesus pode legitimamente ter sobre este ponto uma posição particular. Contudo, é provável que Jesus, curando em dia de sábado, deve ter chocado fiéis sinceros.

Então, por que escolher precisamente esse dia para operar curas? Como diz o chefe da sinagoga: "Há seis dias durante os quais se deve trabalhar; vinde, então, nestes dias para serdes curados e não no dia do sábado!" (Lc 13,14). Dito de outro modo: é fácil evitar o sábado, não é vos pedir um esforço considerável! E o contraditor a dar o exemplo evitando... agredir o verdadeiro "culpável", isto é, aquele que cura, não os eventuais candidatos à cura – um ataque "desviado" quando precisamente uma mulher acaba de ser endireitada! (Tanto mais "desviado" aliás que ninguém veio para ser curado, nem para operar curas: Jesus apresentou-se na sinagoga para ensinar e aí encontrou essa mulher, da qual nada indica que ela tenha solicitado ou previsto o que quer que seja.) A reação do chefe da sinagoga é como se dissesse isto: o sábado não representa senão um dia contra seis, então um lapso de tempo mínimo. Pode-se muito bem esperar um dia mais que o sábado tenha passado e que voltem nos dias em que é legítimo trabalhar. É um incômodo estéril, mas curto, então suportável.

Por contraste, a resposta de Jesus prefere a urgência da cura: antes de tudo, a obrigação que o chefe da sinagoga colocava do lado do trabalho (*há seis dias durante os quais se deve trabalhar*) é deslocada do lado da cura ("esta filha de Abraão [...] não era preciso soltá-la?", v. 16). Que a mulher fosse enfer-

2 - Curar para terminar a obra da criação, em vista da criação nova

ma há dezoito anos poderia ser considerado como um motivo de adiar a cura para o dia seguinte ao sábado: que representa um dia quando se assumiu seu mal com paciência durante tanto tempo? Ora, para Jesus, é uma razão suplementar de agir *aqui e agora,* o contrário seria um insulto ao sofrimento e um absurdo. Ele honra assim um dos aspectos importantes do sábado, manifestado por sua colocação em relação com a saída do Egito. O sábado deve impedir de ser estranho ao sofrimento e à dor de outrem, ele deve estabelecer uma memória da compaixão, pois ele remete a uma experiência de libertação; é o dia em que o servo descansa como o senhor. "Durante seis dias tu trabalharás e farás toda a tua obra, mas o sétimo dia é um sábado para o Senhor teu Deus. Tu não farás nenhuma obra, tu, nem teu filho, nem tua filha, nem teu escravo, nem tua escrava, nem teu boi, nem teu asno nem nenhum dos teus animais, nem o estrangeiro que está em tuas portas. Assim, como tu mesmo, teu escravo e tua escrava poderão descansar. Tu te lembrarás que estiveste na escravidão no país do Egito e que o Senhor teu Deus te fez sair com uma mão forte e com braço estendido; é por isso que o Senhor teu Deus te mandou guardar o dia do sábado" (Dt 5,13-15). Os contraditores de Jesus são, ao contrário, incapazes de se sentir solidários com essa mulher, de sofrer com seu sofrimento e de se alegrar com sua cura. Aliás, um ser humano vale mais que os animais com os quais, porém, se ocupa no dia de sábado – o boi e o asno, precisa Jesus, isto é, dois "beneficiários" do repouso sabático explicitamente mencionados na Torá (ver Êx 23,12 e Dt 5,14). O que está em jogo é exatamente a ordem da criação: o homem não é o cume? Passará depois dos animais aos quais deu um nome? Endireitar a mulher encurvada é muito particularmente devolvê-la a sua plena humanidade, pois a verticalidade pertence como propriedade ao ser humano. Sem dúvida, não é um acaso se Jesus chama a mulher curada de *uma filha de Abraão.* O sábado está estreitamente ligado à história sagrada de Israel, mas Abraão precede a Moisés e à Lei; o que funda a dignidade dessa mulher e seu direito a ser curada imediatamente remonta a mais acima. O filho de Abraão era Isaac, o filho da promessa; esta mesma promessa – "Eu te abençoarei, engrandecerei teu nome: sê uma bênção!" (Gn 12,2) – beneficia aqui a filha de Abraão.

"O Filho do homem é senhor do sábado." Esta palavra é relatada pelos três sinóticos (Mt 12,8; Mc 2,28; Lc 6,5), mas Marcos acrescenta uma justificação: "O sábado foi feito para o homem e não o homem para o sábado; de sorte que o Filho do homem é senhor até do sábado" (Mc 2,27-28). A maneira com que Jesus agiu no dia do sábado é, então, a manifestação, e num sentido a garantia, do caráter benéfico, "filantrópico" do sábado. Se Jesus afirma sua autoridade sobre uma das mais importantes instituições religiosas de Israel, é para que o homem não seja submetido a um jugo absurdo e contrário a sua dignidade; pois no fundo não é o sábado que deve ser santificado, é o homem, o cume da criação, e é porque o amor divino põe todas as coisas a seu serviço: "Tu que fazes desde as origens o que é bom para o homem, a fim de torná-lo santo como tu mesmo és santo..." (Oração eucarística para a reconciliação I). Então é justo que Jesus curasse particularmente no dia do sábado, já que sua missão é levantar o homem, devolvê-lo a suas plenas capacidades de ser vivo. Ele realiza assim a obra de seu Pai: o acabamento da criação. Quando seus adversários lhe censuram violar o repouso prescrito, eles raciocinam como se curar fosse um trabalho ordinário, de certo modo a profissão de Jesus. Dito de outro modo, o alcance do que se realiza sob seus olhos lhes escapa absolutamente. Jesus, porém, não faz um trabalho de homem, ele realiza a obra de Deus.

Quando Jesus cura no dia do sábado, ele realiza sua missão e manifesta sua identidade de Filho bem-amado a quem o Pai "entregou tudo em sua mão" (Jo 3,35). Longe de profanar o sábado, ele é o único capaz de santificá-lo como a Lei pede, ele que até os espíritos impuros chamam de "o Santo de Deus" (Lc 4,34). Do mesmo modo que o repouso prescrito no dia do sábado assume e mitiga o que a condição corporal tem de penoso, as curas

2 - Curar para terminar a obra da criação, em vista da criação nova

operadas por Jesus – que ele mesmo, por sua encarnação, tomou sobre si a fraqueza do homem – restabelecem os corpos em sua dignidade e seu esplendor originais. Agindo assim, Jesus tem consciência de realizar a obra de Deus, um tema particularmente importante no evangelho de João: "Por isso os judeus perseguiam Jesus: porque ele fazia estas coisas [curar um enfermo] no dia do sábado. Mas ele lhes respondeu: 'Meu Pai trabalha sempre e eu também trabalho'" (Jo 5,16-17). Ora as obras de Jesus têm valor de testemunho, de acreditar: "As obras que eu faço em nome de meu Pai dão testemunho de mim [...]. Se não faço as obras de meu Pai, não acrediteis em mim; mas se as faço, mesmo que não acrediteis em mim, crede nestas obras, a fim de reconhecer que o Pai está em mim e eu no Pai" (Jo 10,25.37-38). Deixar o Cristo agir é então para o homem reconhecer sua impotência e acolher pelo Filho a graça do Pai.

O grande sábado, fonte misteriosa de toda cura

Se os judeus censuram a Jesus por não respeitar o repouso do sábado, é que Jesus veio realizar a obra de Deus, para a salvação do homem. Contudo, ele que não veio "abolir, mas cumprir" (Mt 5,17), vai gozar também do grande repouso do sábado, coroamento paradoxal de sua obra: no túmulo. De fato, os quatro evangelistas estão de acordo em colocar a morte de Jesus numa sexta-feira após o meio-dia e não divergem senão sobre o elo com a festa da Páscoa. Eles insistem todos sobre a proximidade do sábado, que justifica as iniciativas apressadas para recuperar o corpo de Jesus (Mc 15,42-43) ou a escolha de um sepulcro próximo (Jo 19,42). Lucas acrescenta dois detalhes. De uma parte, o sepultamento é associado ao momento em que "o sábado começava a aparecer" (Lc 23,54), alusão às lâmpadas acesas para o início da liturgia familiar, de modo que, paradoxalmente, uma luz é posta diante de uma dupla obscuridade, a do túmulo e a da tarde. De outra parte, é dito das santas mulheres que elas "prepararam aromas e perfumes. E no sábado, elas se mantiveram em repouso, segundo o preceito" (Lc 23,56). Elas acompanham então Jesus neste sábado e seu próprio repouso deixa o Pai agir para levantar seu Filho dentre os mortos: as santas mulheres serão testemunhas do Ressuscitado, não da Ressurreição.

Como na criação, esse repouso assinala o acabamento da obra: "No sétimo dia, Deus tinha terminado toda a obra que tinha feito" (Gn 2,2). Igualmente, no evangelho de João, o Cristo morre dizendo "Está consumado" (Jo 19,30), porque ele cumpriu plenamente a obra que seu Pai lhe confiou. Os Padres da Igreja gostam de pôr em relação esses dois repousos: "Eis aí o sábado bendito da primeira criação do mundo. Distingue através deste sábado o de hoje, o dia do repouso, que Deus abençoou mais que os outros dias. Neste dia, de fato, Deus o Filho único descansou de todas as suas obras e ofereceu o repouso a sua carne através do domínio da morte".[2]

A morte do Cristo na cruz não é um fracasso que tragicamente põe fim a uma vida de "boas obras" (Jo 10,32), nem um acidente da história ou um erro judiciário. Esta morte é, ao contrário, a obra por excelência e é porque ela é uma glorificação: "Pai, chegou a hora: glorifica teu Filho, para que teu Filho te glorifique [...]. Eu te glorifiquei na terra, levando a bom termo a obra que tu me deste para realizar. E agora, Pai, glorifica-me junto de ti com a glória que eu tinha junto de ti antes que o mundo existisse" (Jo 17,1; 4-5). Este sábado é comparável ao sétimo dia da criação: na pessoa de Jesus, é Deus mesmo que repousa – e contudo, é igualmente um sábado de homem. E esse repouso não vem depois do acabamento da obra, como uma consequência, ele coincide com ela; o que opera esse acabamento é exatamente o silêncio, o vazio do túmulo, o nada, a ruína das esperanças humanas ("Nós esperávamos que fosse ele que iria libertar Israel", Lc 24,21). Pode-se, aliás, notar que a sexta-feira da morte de Jesus é chamada nos quatro evangelhos

---

[2] GRÉGOIRE DE NYSSE. *Deuxième homélie pascale,* trad. Christian Bouchet et Mariette Canévet, *Le Christ pascal,* Paris, Coll. Migne "Les Pères dans la foi", 1994, p. 46.

dia da Preparação (subentendido, em regime judaico, do sábado). Por causa desse sétimo dia, ele é para os cristãos um sábado, um único sábado no ano litúrgico: o sábado santo. O Senhor adormeceu na morte; nada (e sobretudo não a Eucaristia) fará seus discípulos esquecer a experiência desta ausência. O cristão não imita o repouso do Cristo, ele o contempla; ele não toma o mistério, ele deixa-se tomar por ele. E, contudo, o cristão vive este mistério, já que ele é configurado ao Cristo: "batizados no Cristo Jesus, é em sua morte que todos nós fomos batizados. Nós fomos, então, sepultados com ele pelo batismo na morte, a fim de, como o Cristo ressuscitou dos mortos pela glória do Pai, nós vivamos também numa vida nova" (Rm 6, 3-4).

Esse grande repouso, marca do acabamento da obra do Pai, lança retrospectivamente uma luz nova sobre as curas realizadas pelo Cristo, em particular no dia de sábado: todas estão ligadas ao mistério pascal. Elas são passagens da morte à vida para o homem, porque o Cristo aceita passar da vida à morte. A hostilidade suscitada por Jesus em certos judeus deve muito a sua atitude diante do sábado, do mesmo modo que as curas operadas neste dia representam um risco mortal para ele (Mt 12,14; Mc 3,6; Jo 5,18) e pesam em sua condenação; mas além dos motivos humanos, é uma lógica espiritual que se afirma. É na Cruz que o Cristo assume todas as enfermidades de que ele veio libertar os homens; as curas são então antecipações da graça pascal. As que são operadas no dia do sábado, longe de transgredir a santidade desse dia, põem-na à plena luz. O repouso do sábado santo é por excelência o repouso do sétimo dia, da criação acabada e reconciliada com seu Criador. Cada um desses dois repousos é o repouso de Deus só, pois é em si um repouso inacessível a todo outro. Contudo, é a vontade de Deus associar o homem a sua vida. É porque, do mesmo modo que o sábado prescreve ao homem imitar o repouso de Deus, o repouso do Cristo constitui para seus discípulos um modelo e uma promessa: "Um repouso, o do sétimo dia, é reservado ao povo de Deus. Pois aquele que entrou em seu repouso ele também repousa de suas obras, como Deus das suas. Esforcemo-nos, então, por entrar neste repouso" (Hb 4,9-11).

A cura, sinal inacabado, sinal escatológico

A ressurreição do Cristo opera, na ordem deste mundo, uma ruptura tão decisiva que não é anulada pelo retorno do Filho junto do Pai. De fato, esse retorno inaugura a vinda do Espírito. O Espírito desce sobre os homens quando o Filho sobe para o Pai. Ele vem por causa da ausência do Filho ou talvez até graças a sua ausência. Como na criação é necessária uma forma de ruptura, de risco, de ferida para se abrir ao mais amplo, ao melhor. Com efeito, pelo dom do Espírito, o Filho dá a seus discípulos a graça de ter parte em suas obras e até, num sentido, de lhes dar uma nova amplidão: "Aquele que crê em mim fará, ele também, as obras que eu faço; fará até mesmo maiores, porque eu vou para o Pai" (Jo 14,12). Ora, as obras do Filho são obras do Pai, já que "o que faz o Pai, o Filho o faz igualmente" (Jo 5,19). O homem é lançado no próprio coração da dinâmica divina, ele é tomado num movimento tão poderoso que a obra do Filho, confiada a seus discípulos, revela sua fecundidade que jorra sempre. Nos Atos dos Apóstolos, a Igreja primitiva, gerada no dia a dia pelo Espírito, é testemunha dos prodígios e das curas que o Cristo realiza no meio dela e graças a ela. Pois se o Ressuscitado é o verdadeiro autor desses benefícios, ele não pode atingir os homens sofredores senão pela mediação dos que anunciam sua palavra. "Ouro e prata eu não tenho, mas o que eu tenho eu te dou: em nome de Jesus Cristo o Nazareno, caminha!", diz Pedro ao aleijado da Porta Bela do Templo (At 3,6). Certamente, é Jesus quem cura e Pedro se defende diante da multidão de ter operado esse milagre "como se fosse por nosso próprio poder ou graças a nossa piedade" (At 3,12), mas foi Pedro quem invocou o Nome "dado aos homens, pelo qual nós devíamos ser salvos" (At 4,12). A riqueza

2 - Curar para terminar a obra da criação, em vista da criação nova

de Pedro, que ele pode partilhar com esse mendigo, é ter recebido missão de anunciar que Deus ressuscitou Jesus dentre os mortos e o glorificou junto dele; ora, essa missão é atestada por gestos eficazes e beneficentes, ultrapassando as possibilidades humanas, e que se deve atribuir à benevolência divina. Diante do paralítico Eneias, a palavra de Pedro é ainda mais explícita: "Eneias, Jesus Cristo te cura. Levanta-te e arruma teu leito" (At 9,34). Não só a cura é atribuída a Jesus, mas a ordem de se levantar e o detalhe do leito parecem inspirados pela cura do paralítico introduzido pelo teto e a quem Jesus disse: "Levanta--te e toma tua maca. Como o leito, a maca representa isto sobre o que ele jazia" (Lc 5,24-25), e o fato de tomá-la é um sinal evidente de reviravolta introduzida pela cura. Aí ainda a mediação de Pedro permite a graça de o Cristo tocar eficazmente o doente.

Contudo, as curas são bem menos abundantes nos Atos do que nos evangelhos. De fato, o alcance salvífico da Ressurreição não é ainda plenamente manifestado na história. Em Cristo, a humanidade contempla seu destino glorioso, fruto da promessa divina, mas este destino contrasta dolorosamente com sua situação presente: "a criação em expectativa anseia pela revelação dos filhos de Deus [...] toda a criação até hoje geme em trabalho de parto" (Rm 8,19, 22). Esse texto de São Paulo é citado na declaração de Dom Dagens, de 10 de fevereiro de 1999, sobre a cura de João Pedro Bély (66ª pessoa curada em Lourdes), que proclama ao mesmo tempo o *caráter autêntico* desta cura, *dom pessoal de Deus para este homem e sinal efetivo do Cristo Salvador*, e se dirige assim aos doentes: "Eu convido muito particularmente os doentes a ser entre nós as testemunhas desta confiança [no amor de Deus], não se resignando com seus sofrimentos, mas desejando a chegada da nova criação enfim libertada da doença, do pecado e da morte. Pois, 'a criação toda geme agora ainda nas dores do parto'" (Rm 8,22). Este é bem o objeto da esperança cristã. Há, entre a nova criação e nosso mundo, ao mesmo tempo ruptura e continuidade. Ruptura, pois "Aquele que se assenta no trono declarou: 'Eis que eu faço o universo novo'" (Ap 21,5); continuidade, pois é neste mundo que a nova criação é inaugurada e anunciada. Esse duplo movimento, nós já o indicamos a respeito de João Batista e de Jesus, como uma necessidade para passar do Messias prometido pela Escritura ao Messias que cumpre a Escritura.

Sim, o Reino de Deus é manifestado como o que inaugura em nossa terra a nova criação, mas essa manifestação é paradoxal. Não é surpreendente de fato que a cura seja o sinal de uma ordem em que não haverá mais necessidade de curar? Tudo o que pesa sobre nossa condição humana, em particular sobre a fraqueza de nosso corpo, será abolido na nova criação. "Não sofrerão jamais fome nem sede; jamais serão afligidos nem pelo sol nem por nenhum vento ardente" (Ap 7,16); "pois eu vi um novo céu, uma nova terra [...] [Deus] enxugará toda lágrima de seus olhos: não haverá mais morte, nem choro, nem clamor e nem dor, pois o antigo mundo foi embora" (Ap 21,1.4). Ora, se as curas de Jesus são dons muito preciosos, elas não pretendem, contudo, erradicar toda doença e todo incômodo. Primeiramente, porque nem todos são curados. Como diz o próprio Jesus: "Havia muitos leprosos em Israel no tempo do profeta Eliseu; e nenhum deles foi purificado, mas Naamã, o sírio" (Lc 4,27). Em seguida, nós vimos, essas curas não tornam os anos perdidos pela doença ou pela enfermidade, como também elas não garantem contra outros golpes a vir. As ressurreições, em particular, são retornos à vida, reanimações, que não livram definitivamente da condição mortal. Longe de ignorar o mal e a morte, as curas de Jesus atestam, ao contrário, que a criação é doravante marcada pela influência do mal sobre o corpo do homem. As curas são antes sinais da necessidade de curar, há um realismo marcado pela ação de Jesus que alivia males muito concretos (lepra, epilepsia, febre, cegueira, paralisia...). Se as curas são um sinal, assim que é entendido muitas vezes, há neste sinal algo de paradoxal e inacabado.

2 - Curar para terminar a obra da criação, em vista da criação nova

Há igualmente contradição, como tinha profetizado Simeão a respeito do menino Jesus: "ele deve ser um sinal exposto à contradição" (Lc 2,34). Que contradição? Primeiramente esta: as boas obras, as obras que manifestam o amor de Deus por seu povo, suscitam a rejeição, a incompreensão e até o ódio, a tal ponto que os adversários de Jesus, não contentes de procurar matá-lo, projetam igualmente matar Lázaro devolvido à vida – dito de outro modo, anular a obra de Deus –, "porque muitos judeus, por causa dele, afastavam-se e acreditavam em Jesus" (Jo 12,11). Mais ainda, os gestos de compaixão e de ternura de Jesus para com os afligidos deveriam fazê-lo reconhecer como o enviado do Pai, e então suscitar a fé; ora, está longe de ser sempre assim. No evangelho de João, particularmente, as curas, qualificadas de "sinais" ou de "obras", não de "milagres" como nos outros evangelistas, são muitas vezes decepcionantes nessa perspectiva; no limite, elas podem extraviar. Aliás, a Escritura não nega que o milagre ou o prodígio seja contaminado de ambiguidade, até mesmo perverso. No Apocalipse, a Besta mesma recebeu o poder de operar prodígios, o que tem por resultado seduzir e enganar os homens: "Uma de suas cabeças parecia ferida de morte, mas sua chaga mortal foi curada; então, maravilhada, a terra inteira seguiu a Besta" (Ap 13,3). Talvez o melhor "modo de emprego" do prodígio seja dado, incidentemente, pelo diálogo entre Abraão e o mau rico, que expia na geena sua indiferença pelos sofrimentos de Lázaro. "'Eu te peço então, pai, enviar Lázaro à casa de meu pai, pois eu tenho cinco irmãos; que ele lhes leve seu testemunho, para que eles não venham, também, para este lugar de tormento.' E Abraão a dizer: 'Eles têm Moisés e os Profetas, que eles os escutem'. – 'Não, pai Abraão, diz ele, mas se alguém dentre os mortos for procurá-los, eles se arrependerão'. Mas Abraão lhe disse: 'Se não escutam nem a Moisés nem aos Profetas, mesmo se alguém ressuscitar dentre os mortos, eles não se convencerão'" (Lc 16,27-30). O prodígio é então bem menos convincente e eficaz que a Escritura, pois o prodígio assombra, mas só a Escritura converte.

Consideradas em si mesmas, as curas são, então, ambivalentes; é porque é indispensável pô-las em relação com outras instâncias, submetê-las a um julgamento crítico. O tempo e a história oferecem um quadro de interpretação mais amplo que evita deixar-se entusiasmar e fascinar pela irrupção da cura, por um acontecimento cujo caráter fulgurante, quase brutal, contraste com a maneira com que o corpo do homem se adapta habitualmente ao tempo. Certamente, Jesus cura na urgência e na rapidez, no sentido em que a eficácia de sua palavra e de seus gestos faz desaparecer a doença ou o incômodo de maneira quase instantânea; de fato, a saúde não espera. Contudo, esta sorte de aceleração temporal nada tem de "truque" de mágico. Tais "curas relâmpago" não têm sentido senão na medida em que o Cristo assume a longa espera de Israel, a longa paciência de Israel; na medida também em que ele assume, na Cruz, a finitude e o horizonte mortal de toda a vida humana. O mesmo verbo latino *pati* (suportar, sofrer) está justamente na origem de "paciência", "paciente" (no sentido médico do termo) e "Paixão". Em Cristo, tudo o que inaugura uma história nova, tudo o que tem valor de eternidade, tudo o que modela o mundo que está para vir, tudo isso se inscreve no mundo presente, às vezes ao preço de uma verdadeira ascese temporal.

A salvação é uma história. Não há história sem sujeito capaz de dar um sentido ao aumento de volume tumultuoso dos acontecimentos. Quando Deus, na criação, escolhe o homem como parceiro, confia-lhe a tarefa de habitar no tempo para fazer dele uma história sagrada, isto é, fiel ao projeto original do amor divino. A criação da mulher mostra que esse projeto culmina na relação, o que implica o risco de se ligar a um outro. Já que Deus quer contar com o homem, já que o trabalho do homem é indispensável ao desenvolvimento da criação, cabe Àquele que é verdadeiro homem e verdadeiro Deus acabar a obra de Deus manifestando-a no tempo dos homens. Porque ele mede o tempo, de semana em semana e de geração em geração; o sábado é o guarda fiel da história humana. As

2 - Curar para terminar a obra da criação, em vista da criação nova

curas que o Cristo opera precisamente neste dia tomam, então, um valor de exemplo, exprimem o que deve ser toda cura que realmente completa a criação. Pois é mais um modo de a cura manifestar seu caráter "sabático". Verdadeira bênção para o homem, ela traz o repouso ao corpo cansado de ter lutado contra a doença, ela põe um limite diante do sofrimento e da dor, ela interrompe – mas supõe e assume – os "seis dias" da doença. Sabática igualmente é a necessidade de curar sem cessar, que reflete a reiteração obrigatória dos sábados e se opõe ao "uma vez por todas" da Ressurreição e ao caráter único do grande sábado. Sabática, enfim, a maneira que tem a cura de designar ao homem o que ultrapassa ao mesmo tempo a cura e o homem, este grande repouso de que Deus fará partilhar o povo dos discípulos de seu Filho.

Só o desejo da fé preenche a distância e ultrapassa o limite, mas o que alimenta esse desejo é a experiência que fazemos do repouso neste mundo: uma experiência limitada, mas real, e real precisamente porque limitada, na medida em que seu limite se ajusta a nosso próprio limite. A cura não é um além; ao contrário ela representa, neste mundo, o que resiste diante da morte e que persiste para nos fazer amar esta vida, a tornar "amável" para nós esta vida. A cura trabalha – como se fala do trabalho de parto – o corpo e o tempo, isto é, o que nos "põe no mundo"... e o que nele nos mantém, já que a morte abole este corpo e este tempo. A cura toma o tempo "de braços abertos", já que ela não devolve nem o corpo de ontem, de antes da doença, nem o tempo perdido. Contudo, exigir dela que devolva, é recusar que ela dá. Em vez de devolver um corpo indene, ela dá um corpo frágil e maravilhado de estar vivo; em vez de recobrar o tempo, ela abre uma história que conjuga memória do sofrimento e esperança do repouso que Deus promete. É preciso curar para desejar mais que curar.

3 - Curar junto: do corpo próprio ao corpo social

A condição do homem é social e cultural. Interpretar o mundo e dar-lhe sentido é a tarefa que se dá toda cultura; está na natureza do homem ser cultural. Assim, vimos que o sábado é uma institucionalização, especificamente judaica, do tempo natural. Cada bebê que vem ao mundo nasce numa cultura, que ele acha já constituída e que ele integra pouco a pouco, na maioria das vezes implicitamente. Essa "precedência" é fundamental; ninguém ocupa, diante de sua própria cultura ou da de outrem, a posição neutra e independente de um não comprometido. Mesmo a crítica, a reticência ou a rejeição se exprimem sempre em formas determinadas, em uma linguagem herdada de uma tradição e que se transmitirá por sua vez. Esta solidariedade dos homens na decifração do mundo justifica que se fale de "corpo social" e que seja aproximado do próprio corpo, do corpo da pessoa? Um jogo de palavras não constitui um argumento. Contudo, a cultura manifesta-se justa e primeiramente na linguagem. A expressão "corpo social" não pertence a ninguém, ela não nasceu sob a pena de tal ou tal pensador conhecido. Ela é relativamente corrente, quase banal, e se presta a muitos usos; quase não se percebe que toma a forma de uma imagem. Como tal, o corpo social é invisível aos olhos, o que é pelo menos estranho: não apontamos, ao contrário, o poder revelador do corpo? Justamente, o corpo social funciona como o meio natural dos próprios corpos. Se ele se revela, é através deles, pela marca que ele imprime neles, quando uma injunção, um valor, uma visão do mundo se encarnam em certo comportamento diante dos próprios corpos. O corpo social regula e controla os próprios corpos, ele lhes abre um horizonte de sentido e de inteligibilidade do mundo, um espaço de encontro. Contudo, ele pode também repelir, excluir e até destruir o que percebe como um "corpo estranho". É um acaso se se fala de "fratura social", se se utiliza, ainda aí, uma imagem tirada do corpo e mais precisamente do corpo ameaçado? A unidade é um lance essencial para o corpo social, mas é grande a tentação de procurá-la na uniformidade e na conformidade. Não é o mais fácil, o mais razoável, o mais evidente? Construir-se-á a unidade com os que se prestam a isso, que são assimiláveis, que têm os meios de manter fidelidade aos modelos comuns. E os outros? Quais outros? Esses desaparecem, tornam-se invisíveis, reveladores por sua ausência e seu silêncio.

A CURA, UMA EXPERIÊNCIA SOCIALMENTE DETERMINADA

A cura toca uma pessoa no mais íntimo e no mais incomunicável. Contudo, paradoxalmente, a cura é igualmente uma experiência que reveste uma dimensão social essencial. De fato, a saúde e a doença são construções culturais. Definir o estado patológico e seu grau de gravidade, atribuir-lhe uma origem, avaliar que é possível e desejável procurar a cura, ditar a conduta para obtê-la, depois considerar que o doente está efetivamente curado e manifestá-lo publicamente: tantas questões às quais cada grupo humano dá respostas diferentes. O corpo próprio, o corpo da pessoa, é logo socialmente determinado, inclusive no que parece o mais "natural". Por exemplo, a percepção da dor pelo próprio paciente passa já pelo filtro do cultural, em função das representações e dos modelos que ele integrou. Circunstâncias como o sexo, a idade ou o estatuto social podem, aliás, modular bastante fortemente essa relação com a dor: um soldado ferido e uma mulher que dá à luz não sofrerão da mesma maneira.

As próprias doenças têm uma história: de uma parte, porque elas podem aparecer ou desaparecer em uma dada área geográfica; de outra parte, porque elas são "descobertas" pela atenção dada a certos sinais patológicos (por exemplo, quando os progressos técnicos permitem medir novos parâmetros) ou pela reinterpretação de dados antigos. Assim, considerar, como se faz cada vez mais hoje nos países desenvolvidos, que o alcoolismo (e todas as toxicomanias em geral) vem da doença e não de um vício ou de uma fraqueza de caráter representa uma mudança considerável. A estigmatização não tem mais lugar de ser, pois, na mentalidade ocidental contemporânea, o doente não é, em princípio, responsável por sua doença, ele a sofre. O doente do álcool pode e deve receber um tratamento, em vez de ser abandonado só a suas forças; manifestar-se-á a ele antes compaixão que desprezo. Sua doença é um objeto de estudo racional, ela tem seus especialistas, seus congressos, seus centros de tratamento, sua pesquisa: tantos elementos que desenham um quadro tranquilizador e neutro, no sentido em que o julgamento moral é banido.

Atribuir tal ou tal origem a uma doença é ainda uma operação cultural fundamental, pois ela indica o caminho para a cura. Já se notou que certos relatos evangélicos atribuem a doença ou o incômodo à intervenção de um demônio. Nesse caso, convém proceder a um exorcismo, uma técnica relativamente banal que Jesus não é o único a praticar (ver Lc 11,19). Uma explicação nos parece hoje surgir do sobrenatural, mas isso supõe já estabelecer uma distinção entre natural e sobrenatural. Em certas civilizações africanas, é a morte dita natural no Ocidente que não existe: um falecimento é forçosamente imputado à ação de uma vontade, a de um homem ou a de um espírito. Tais visões do mundo não são mais justas ou falsas do que as que nós partilhamos hoje: elas têm uma coerência interna que as torna plausíveis e mesmo pertinentes, até eficazes. Com efeito, um mesmo sistema engloba os princípios de interpretação e os princípios de ação: o que é preciso fazer decorre do que o doente e seu entorno têm por verdade. Um enunciado como "a feitiçaria, isso não existe" não tem sentido. Na maior parte das sociedades modernas, pode-se dizer efetivamente que a feitiçaria não existe, salvo de maneira marginal. De fato, muito poucas pessoas atribuirão a seus males uma origem desse tipo. Contudo, não é porque a feitiçaria não existe que ela não é considerada como uma explicação possível de um estado mórbido; é porque ela não é considerada uma explicação possível que ela não existe. Assim, nos países onde um doente pode afirmar que foi enfeitiçado, a feitiçaria existe sem problema e dá lugar a ritos específicos que fazem a função de "tratamento" para conjurar as manobras hostis.

A cura mesma é largamente negócio de credibilidade, isto é, da adequação entre a origem suposta da doença e a conduta a seguir. Ser curado é também ter a convicção de que se está curado, o que não depende unicamente do desaparecimento objetivo dos sintomas patológicos, tal como o revelaria, por exemplo, um exame clínico. Aliás, todo remédio é ao mesmo tempo eficaz e ineficaz, de modo que é vão compará-los entre eles ou perguntar, a respeito dos remédios pré-científicos, como os que a eles recorreram podiam ter confiança neles. Os textos de Sófocles e do livro do Eclesiástico, que já citamos, referem-se ambos a remédios antigos, que hoje julgamos largamente impotentes diante da doença. Contudo, essas duas testemunhas não se queixam e fazem, ao contrário, o elogio do saber médico de seu tempo. Descobriu-se nos santuários antigos, em particular do mundo grego, uma quantidade de ex-votos oferecidos por antigos doentes reconhecidos, prova de que a cura sempre fez parte da experiência humana. Reciprocamente, a medicina ocidental contemporânea certamente atingiu um altíssimo grau de eficácia objetiva, como testemunham o alongamento da duração da vida e o melhoramento sem precedente do estado sanitário das populações; isso não impede que essa medicina seja hoje bastante vivamente criticada. A noção de eficácia é muito relativa. Paradoxalmente, o sucesso faz nascer novas expectativas e torna os fracassos mais insuportáveis. Ainda mais, o doente curado está "disponível" para dar entrada a uma afecção ulterior, de modo que o pedido de saúde é sem-fim. Ao contrário, os modestos sucessos de um remédio rudimentar serão apreciados em seu justo valor por pacientes geralmente resignados com sua sorte. Curar não tem de modo algum o mesmo sentido, nem o mesmo alcance quando 90% dos doentes sucumbem ou quando, ao contrário, 10% apenas não escapam. Ora, nada impede que se trate da mesma doença, mas observada em duas sociedades diferentes, seja de um ponto de vista temporal, seja de um ponto de vista geográfico. Com efeito, não existe doença benigna ou mortal por ela mesma: tudo depende dos meios que estão disponíveis para preveni-la ou combatê-la.

Já que é a sociedade que define o normal e o patológico, a saúde e a doença, os meios de curar, é ela igualmente que reconhece e proclama que um de seus membros foi curado. De fato, para que ser curado se não se é considerado como tal e admitido, de maneira solene ou implícita, a retomar seu lugar e suas atividades habituais? Os comentadores sublinham de boa vontade esse ponto no episódio em que Jesus, depois de ter curado um leproso, dele despede-se com estas palavras: "Vai te mostrar ao sacerdote e oferece por tua purificação o que foi prescrito por Moisés: isso lhes será uma atestação" (Lc 5,14). Submetido a uma legislação muito constrangedora, por medo do contágio, o leproso é de algum modo um morto social, tido estritamente à parte (Lv 13,45-46). É, então, essencial que sua cura seja pública, já que sua doença era. Vários traços merecem ser destacados. Primeiramente, Jesus prescreve duas coisas ao leproso: calar-se e fazer. Enquanto que a palavra seria intempestiva, pertence à linguagem ritual testemunhar. (Nós já havíamos observado, a respeito da conclusão do livro de Jó, que o rito tem o poder, e às vezes o dever, de "cortar a palavra" quando as palavras são inadequadas ou supérfluas.) Ora, esse rito designa ao antigo doente uma função largamente passiva. Ele é examinado por um sacerdote, que se pronuncia sobre seu novo estado de saúde, depois procede às operações, complexas e longas, de purificação (Lv 14,1-21). A cura que Jesus opera é muito mais simples e mais rápida; contudo, ela não repudia nem a mediação do rito (então também do tempo), nem a autoridade da Lei. Jesus aceita que sua obra seja submetida a um julgamento humano e em certo sentido acabada pelo processo de reintegração social. Longe de desprezar a Lei ou de tê-la por secundária, ele a considera como uma instância indispensável que alarga a relação binária começada entre o terapeuta e o doente. O rito previsto pela Lei confirma a cura física e produz a cura social. Contudo, se ele constata a cura e lhe dá um caráter público, ele não se pronuncia sobre sua origem: nada manifestará que este homem não se curou espontaneamente. (Este caso de apresentação deve ser raro, sem dúvida, até mesmo excepcional, mas não absolutamente impossível, já que a Lei o prevê.) A cura será atestada, mas seu sentido permanecerá aberto.

CURAR HOJE:
NOVAS REIVINDICAÇÕES, NOVAS ATITUDES

Medicina contestada, medicinas plebiscitadas

Na França, depois de uma vintena de anos, constata-se um verdadeiro aumento de novas práticas terapêuticas, ao passo que a medicina clássica, ao contrário, é fortemente criticada. A homeopatia, a acupuntura, a quiroprática ou a fitoterapia quase ganharam direito de cidadania; não é ainda o caso para a iridologia, a cromoterapia, a urinoterapia ou o shiatsu. Se certos métodos são bizarros, até mesmo suspeitos, as novas aspirações, que revelam esta efervescência, nada têm de folclóricas. Elas dizem, ao contrário, muito sobre a pesquisa, hesitante, mas obstinada, de uma outra relação consigo mesma. Com efeito, a demanda social de uma nova maneira de curar não surge do delírio coletivo. Ela mergulha, ao contrário, suas raízes nas forças mais profundas da mentalidade moderna: o individualismo e o pragmatismo.

3 - Curar junto: do corpo próprio ao corpo social

"Meu tratamento é meu tratamento." Essas palavras resumem a tendência atual: nós queremos mais que nunca ser atores de nossa saúde. [...] Nós queremos ser tratados com "cuidado", queremos ser respeitados, escutados [...]. Depois de alguns anos, somos muitos a apontar um dedo acusador à medicina oficial, que não cessa de ser cada vez mais técnica, estandardizada, negligenciando os pacientes na cidade em consultas rápidas ou os infantilizando em hospitais tentaculares. [...] Nossa preocupação atual de bem-estar ajusta-se com o campo de ação das medicinas complementares. As desordens funcionais, cada vez mais frequentes – estresse, fadiga, angústia, colites, enxaquecas –, estão muitas vezes melhor pela responsabilidade dessas medicinas do que pela artilharia medicamentosa pesada e seus eventuais efeitos secundários.[1]

O individualismo define-se pela autonomia do indivíduo; ele implica a rejeição da tutela das autoridades, o direito de escolher, o desejo de ser reconhecido como único e de construir sua própria unidade interior. Hoje, o doente exige ser tratado como um sujeito e um ator. Não se trata de ser um caso entre outros, semelhantes a milhares de outros: necessita-se, então, do "sob medida". "Ser agente de sua saúde" decorre logicamente da convicção de que é preciso descobrir o que me convém pessoalmente: quem está mais bem colocado do que eu para isso? Transferir para outrem seria uma ilusão e uma demissão. É por isso que se censura a medicina clássica infantilizar os que se dirigem a ela, mantê-los numa relação de dependência e de submissão que nega a necessidade para o indivíduo de se assumir a si mesmo. Como lembra a etimologia latina, o indivíduo é indivisível, o que não se pode cortar. Então, não é surpreendente que o individualismo se manifeste pela recusa de ser cortado, até mesmo esquartejado. Eu sou (ou tento ser) um, isto é, capaz de integrar harmoniosamente tudo o que recebi e que me constitui, positiva ou negativamente. Ora a medicina clássica é acusada de ter uma abordagem segmentante, até mutilante: ela cuida de um membro, um órgão, mesmo células (caso do câncer). A especialização dos conhecimentos e das práticas certamente permitiu ganhar em eficácia, mas ela faz perder de vista que se trata de curar uma pessoa.

---
[1] MAURY, Isabelle e GANAC, Anne. "Faut-il se soigner autrement?", *Pschologies*, março 2001, p. 70-74.

O pragmatismo procura o resultado visível desde agora. O gosto da experimentação, estimulado pela curiosidade e pela ausência de preconceito, pode ir até praticar um conjunto pessoal de elementos diferentes, o que se chama às vezes, pejorativamente, de "picaretagem". Com efeito, o sucesso das medicinas alternativas repousa antes de tudo na decepção experimentada a respeito da medicina clássica. Ora, a primeira censura que lhe é dirigida é de ser relativamente ineficaz, não obstante tratamentos às vezes invasores e penosos. Ao contrário, as medicinas ditas suaves seduzem muito simplesmente porque "isso funciona". Nessa ótica, o testemunho e a fala ao pé do ouvido têm um grande peso. Inversamente, os argumentos de autoridade tocam pouco, pois o médico não é mais aquele que sabe tudo e que é investido do poder de decidir em lugar de seu paciente. Em consequência, as acusações de "charlatanismo" dirigidas contra as medicinas novas correm o risco antes de se voltarem contra os que as formulam e que aparecerão como os "guardiões do templo" de uma ordem médica rígida e dogmática. Ora, quase não se importa de "curar dentro das regras", como diriam os médicos de Molière; é curar sem mais nada que conta. Curar de quê? Em primeiro lugar, de todas essas perturbações ditas funcionais que a medicina clássica trata mal: estresse, fadiga, dor nas costas... Evidentemente, não há nada de mortal e, contudo, os desgostos são reais, muitas vezes incomodantes e dolorosos. Certamente, a medicina clássica obteve e ainda obtém brilhantes sucessos em numerosas doenças consideravelmente mais graves. Contudo, esses progressos alimentam precisamente expectativas cada vez mais fortes: viver mais tempo é uma aquisição, viver melhor é uma exigência. A demanda de saúde evolui para o qualitativo, o que provoca uma diluição da própria ideia de cura, no sentido em que o que se conhecia com o nome de "doença" não é mais tão facilmente percebível. O que se procura hoje se chama bem--estar, equilíbrio ou harmonia – noções evidentemente pouco precisas – e é uma busca quase constante. Enfim, a curiosidade e a ausência de preconceitos que caracterizam o pragmatismo dos decepcionados pela medicina clássica fazem recuar as fronteiras geográficas e culturais. Ao passo que a medicina ocidental se difundiu no mundo inteiro, hoje são terapêuticas vindas de outros lugares (por exemplo, a acupuntura ou a ioga, originárias respectivamente da China e da Índia), que são propostas no Ocidente, muitas vezes, com sucesso.

A saúde, nova imposição social?

As novas atitudes em relação à saúde são paradoxais: nunca na história se está tão bem de saúde como no Ocidente no início do terceiro milênio e nunca a saúde foi uma preocupação tão difundida, devoradora de tempo, de dinheiro e de energia. De fato, já que não se trata mais somente de evitar a doença, no sentido médico do termo, mas de estar bem, de viver em harmonia consigo mesmo, então a exigência é toda outra e num sentido infinita. A saúde não representa mais que um domínio particular: ela tornou-se coextensiva à vida cotidiana. Trabalho, alimentação, esporte, lazer, sexualidade... a saúde está em todo lugar, inspirando disposições legais, então obrigatórias (medicina do trabalho, regras de higiene num quadro coletivo...), mas também conselhos com objetivo educativo, distribuídos por ocasião de campanhas iniciadas pelos poderes públicos (contra o fumo, o álcool, as práticas sexuais de risco) ou divulgadas pelos meios de comunicação social (como se alimentar de maneira equilibrada, poupar suas costas, dormir melhor etc.). Porque a saúde toma um caráter "total" (concernente a quase todos os domínios), ela corre o risco de se tornar "totalitária". O quadro estritamente médico é ultrapassado: um conformismo social crescente impõe um modelo fortemente idealizado de juventude, de beleza, de harmonia, de desempenho. Perder seus quilos e conservar seus cabelos; retardar as rugas e prolongar o bronzeado; diminuir seu colesterol e aumentar seu dinamismo: o combate é sem tréguas, já que se pode – já que se deve? – fazer sempre melhor, fazer sempre mais.

A obsessão da saúde tende a medicar cada instante da vida em vez de nos autorizar uma agradável negligência. [...] A mesa não é mais somente o altar das suculências, um momento de partilha e de trocas, mas um balcão de farmácia em que se pesam minuciosamente gorduras e calorias, em que se mastigam com consciência dos alimentos que não são mais que remédios. [...] A saúde tem seus mártires, seus pioneiros, seus heróis, seus santos, mas em todos os casos ela deve nos custar no duplo sentido do termo, financeira e psicologicamente, por toda sorte de controles, de vigilâncias. Ela nos põe em posição de nunca nos esquecer, já que doença e cura se distinguem cada vez menos com o risco de criar uma sociedade de hipocondríacos, de "pessoas com disfunções" permanentes. O único crime que possamos cometer a seu respeito é de não pensar nela dia e noite. Desde a infância, somos postos sob a obrigação de compensar nossa imperfeição, de nos remodelar dos pés à cabeça.[2]

Saudável responsabilidade dos indivíduos ou intolerável imposição? Pois não é fácil discernir entre um "cuidado de si" (conforme a expressão de Michel Foucault) legítimo e excessivo. Contudo, o que se apresenta como indicativo se torna, de maneira insidiosa, um imperativo social. Ora, é desumano apresentar um objetivo que nega os limites do homem e é desumanizante, para si mesmo e para a sociedade, proibir a fraqueza e a fragilidade de se mostrar publicamente. Os que não podem seguir o ritmo extenuante desta corrida (ou desta fuga) correm o risco de ser marginalizados, deixados à beira do caminho. Na vida profissional, em particular, a exigência de uma produtividade e de uma flexibilidade sempre crescentes pesam com um peso enorme sobre certos salariados, sobretudo os mais vulneráveis. "Anda ou morre" é o inverso cínico e brutal de uma competição exacerbada, cujo primeiro campo de batalha é o corpo que trabalha... e que sofre: mal das costas, estresse, fadiga, até depressão são as novas doenças profissionais que constatam os médicos do trabalho. Más condições de trabalho, gestos repetitivos, cadências rápidas, pausas aleatórias, mas também conflitos hierárquicos, organização opaca,

---

[2] BRUCKNER, Pascal. *L´Euphorie perpétuelle. Essai sur le devoir de bonheur*, Paris, Grasset, 2000, p. 72-73, 78.

vigilância constante, até dificuldade de dar sentido a seu trabalho e sentimento de estar submetido a um poder não domável, seja a máquina ou a Bolsa: tantas razões nas quais o corpo se encaixa e traduz em males físicos o que vem de um mal-estar global da pessoa no trabalho. O corpo exprime o que é impossível ou perigoso dizer de outro modo, numa sorte de greve individual da saúde, na hora em que os combates coletivos são incertos. Eis-nos bem longe do sábado: a obrigação de repousar, protetora para os mais pobres, volta a dizer que o homem não se confunde com sua produção e que ele não se reduz a sua força de trabalho.

Pedido de saúde, pedido de salvação: com risco da comparação

Já que as novas atitudes em relação à saúde e as novas expectativas que daí decorrem são os frutos da mentalidade moderna, então há matéria para comparar a maneira como as evoluções afetando o pedido de saúde e o pedido de salvação são recebidas pelas instituições, pela medicina e pelas Igrejas, encarregadas de regular estes domínios. Muitas vezes, têm sido levantadas as semelhanças evidentes entre saúde e salvação (como sugere a etimologia). A salvação foi pensada muito tempo em termos de remédio para o pecado (original ou pessoal), então como uma "terapia", permitindo escapar de uma "patologia" grave e mesmo "mortal". A salvação é curativa, sabendo que todos os homens têm necessidade de tal cura, pois todos são atingidos. Hoje, esta dimensão, essencialmente ligada a uma ideia de julgamento *post mortem*[3] levando ao paraíso ou ao inferno, causa constrangimento. Justamente, a saúde não significa apenas curar, quando é necessário, de uma afecção precisa, mas mais amplamente viver melhor, procurar o bem-estar e a harmonia, tanto do corpo como da alma, isto

---
[3] N.T. *Post mortem*: depois da morte.

é, da pessoa considerada em sua unidade existencial. De modo semelhante, a concepção moderna da salvação se apoia sobre um reinvestimento marcado desta vida aqui, então deste corpo aqui: uma salvação unicamente ligada ao além não tem mais interesse. Do mesmo modo que um tratamento deve provar sua eficácia imediatamente, a salvação deve ter uma pertinência desde agora, desde hoje. Apresentar-se-á, então, mais facilmente, a salvação como a presença atuante e agradável de Deus em nossas vidas, cada dia; esta presença dá a força de afrontar as inevitáveis dificuldades da existência ("Assiste-nos diante das provações nesta vida em que esperamos a felicidade que prometes e a vinda de Jesus Cristo nosso Salvador", liturgia eucarística).

Quando a salvação se refere única ou essencialmente ao além, ela escapa de maneira evidente de toda avaliação e de toda verificação: é preciso entrar num sistema de pensamento e de prática de que não se domina nenhum elemento, então dar ou não crédito às pretensões de uma autoridade. Contudo, hoje, a salvação deve produzir uma diferença e uma diferença visível, manifesta, que cada um poderá apreciar segundo seus próprios critérios. A salvação é o que experimento como tal, o que me faz bem, o que me ajuda a viver melhor e livre para ir procurá-la em tal ou tal quadro. A relação com as autoridades torna-se mais complexa. Do mesmo modo que o pedido contemporâneo de saúde recusa passar pela infantilização e pela submissão cega, o pedido de salvação não é dirigido incondicionalmente às instituições tradicionais, isto é, às Igrejas "clássicas". Elas não têm mais o monopólio da salvação, nem para defini-la, nem para dispensá-la, mas isso não significa que são rejeitadas: simplesmente, elas estão estabelecidas no mesmo quadro que suas "concorrentes", sem privilégio nem exclusividade, e o que elas propõem será submetido à mesma avaliação. De sua parte, toda reação de irritação ou de desprezo, até de agressividade, será percebida negativamente: "defender seu terreno" não tem mais legitimidade aos olhos da opinião pública. Pode-se, e deve-se, ser "agente de sua salvação" como se deseja ser "agente de sua saúde". A salvação é então o fruto de uma busca pessoal que pode ser completamente exigente e séria (inclusive no plano intelectual). Contudo busca pessoal não significa solitária; ao contrário, num domínio que se domina mal, mas que se deseja explorar, a ajuda dos que estão mais avançados é bem-vinda, dado que seja bem isso: uma relação igualitária e respeitosa da autonomia dos sujeitos. Práticas vindas de outro lugar se impõem no campo da busca da salvação como da saúde. O que dissemos a respeito da recepção das medicinas orientais vale igualmente para compreender o sucesso, até entre os cristãos, da crença na reencarnação, por exemplo. A importação se faz ao preço de uma reinterpretação, particularmente marcada para a reencarnação, já que se trata quase de um contrassenso em relação a sua versão de origem, conotada negativamente. No hinduísmo ou no budismo, é preciso a todo custo ser libertado da interminável cadeia dos renascimentos. No Ocidente, vê-se aí ao contrário uma "segunda chance", a ocasião de fazer melhor numa próxima vez. É preciso apontar o "erro", até mesmo zombar dele? É sem dúvida mais sensato procurar decifrar o que aí se exprime das aspirações, das angústias e das esperanças de nossos contemporâneos. Do mesmo modo, se é sem dúvida útil, e mesmo indispensável, recordar que a crença na reencarnação não é compatível com a fé cristã, o argumento não convencerá se não é apoiado por uma apresentação renovada e convincente do mistério da ressurreição da carne.

Confrontado com os mesmos fenômenos sociais e com contestações semelhantes, a instituição médica e a instituição eclesial são obrigadas a redefinir sua função e seu funcionamento diante da cultura em que se inserem. Suas relações recíprocas se encontram igualmente perturbadas. Com efeito, a medicina ocidental se constituiu de maneira autônoma por separação, às vezes conflituosa, no campo do religioso. Laicização e racionalização caminharam juntas, até serem consideradas como sinônimas. As funções sanitárias que a Igreja durante muito tempo foi a única a assumir foram progressivamente assumidas pelo poder público. A cada instituição seu império próprio: o cuidado dos corpos para a medicina, uma atividade evidentemente alojada na vida terrestre; o cuidado das almas para a Igreja, com uma insistência particular no além. Com o positivismo do século XIX, a separação se torna concorrência entre duas visões do mundo. Ora, hoje, a convergência entre uma nova concepção da saúde e uma nova concepção da salvação confunde as pistas. Quando os pacientes exigem de seu médico não mais simplesmente uma solução técnica, mas uma relação de pessoa a pessoa que os ajude a mobilizar seus próprios recursos para serem curados, não se está muito longe de um pedido de ordem espiritual. Reciprocamente, a Igreja é levada a lançar um olhar novo no pedido de saúde que lhe é dirigido. Como a cura corporal durante muito tempo foi considerada como "secundária" em relação à cura dita espiritual, o tratamento deste gênero de pedido foi marginalizado, abandonado por exemplo à devoção popular aos santos curadores. Contudo, redescobre-se hoje que a salvação concerne à pessoa toda, em sua unidade psicossomática e que deve haver uma pertinência para o instante presente. Então a distinção, e sobretudo a oposição, entre espiritual e corporal, não é mais sustentável: a fé não implica desprezo nem desinteresse pela condição terrestre. A Igreja e o mundo médico têm ambos vocação para ser, cada um a sua maneira, instituições de esperança para nossa sociedade. Diante da ameaça comum das seitas, terrivelmente ativas diante dos que a doença fragiliza, elas devem ser instituições que respeitem a liberdade das pessoas. Propor a saúde, propor a salvação, é antes propor – não impor –, isto é, "pôr diante", então reconhecer um interlocutor e um parceiro. É também ouvir o que se diz das aspirações de uma cultura, pois só é audível o que é igualmente crível. A cura do próprio corpo implica que o corpo social defina e legitime a cura.

3 - Curar junto: do corpo próprio ao corpo social

O QUE CUSTA CURAR: ESCOLHAS INDIVIDUAIS E COLETIVAS

A saúde não tem preço, ouve-se regularmente, mas ela tem um custo. Toda pessoa que procura ser curada deve perguntar-se o quanto está disposta a custear isso, até aonde ela aceita ir, numa busca que pode ocasionar despesas importantes, de dinheiro certamente, mas também de tempo e de energia. Preocupação moderna e típica de uma civilização que inventou a seguridade social e seu célebre e insaciável "buraco"? Contudo, o dinheiro não é aqui um simples meio, a contrapartida monetária de uma prestação de cuidado ou de um medicamento. A maneira com que aquele, que é doente, compromete seus meios de existência para melhorar diz o preço que ele liga a sua própria vida. E se não é o doente que paga, mas outra pessoa, isso significa que essa doença é partilhada, que ela não concerne unicamente àquele que a sofre em sua carne. A despesa tece e revela laços, e também atitudes, valores (monetários e simbólicos), resistências.

O dinheiro, revelador e mediador

Molière tem a inspiração de abrir *o Doente imaginário* com o célebre monólogo de Argan verificando suas contas. Assim então, a doença está de improviso ligada à ideia de despesa, e também de benefício, ambos ao mesmo tempo financeiros e simbólicos. É com uma satisfação evidente que Argan resume o número de "remédios" e de lavagens que lhe foram administrados; e quando ele constata que esse número está em baixa em relação ao mês precedente, ele tira uma conclusão sobre seu estado de saúde: "Eu não me admiro se não me sinto tão bem este mês como no outro". Dito de outro modo, a despesa toma um valor de confirmação, e de certo modo de garantia, em relação à experiência subjetiva do estado corporal. É aliás muito notável que um doente imaginário nos seja apresentado numa ocupação tão real e concreta como a contabilidade doméstica. As indicações cênicas insistem neste ponto com os acessórios que Argan manipula: de uma parte as faturas, de outra parte os lances, que materializam as somas em jogo. Acrescentemos que os "remédios" de que se trata aqui servem para esvaziar, para expulsar do corpo, e muito particularmente do baixo ventre, os excrementos, a bílis e os "ventos". Ao contrário, Argan corta as faturas, diminui a despesa, isto é, as saídas de dinheiro, procura reter, juntar muito dinheiro: a retenção se opõe à secreção. É um doente imaginário, mas não doido: ele se mostra ao contrário muito atento, até mesmo astuto. A seus olhos, ele quase não tem dúvida de que as faturas de seu boticário sejam "aumentadas". Nenhuma hesitação, então, em diminuí-las fortemente, dividindo-as por dois ou mesmo por três – ora este grande burguês está muito à vontade: "Ah! Senhor Fleurant, todo afável, por favor; se vós os usais assim, não se quererá mais estar doente". Há "demais" no corpo de Argan, afirmam os que lhe dedicam seus cuidados; mas Argan por sua vez declara que há "demais" nas faturas que correspondem a esses mesmos cuidados. Por essa estranha simetria, o doente imaginário despacha a imagem de sua doença. Ou melhor, seu tratamento, já que só isso é perceptível: o dinheiro atesta a realidade dos atos médicos e os atos médicos atestam a realidade da doença. O dinheiro é então um ponto de ancoradouro no mundo real e uma forma de mediação, indispensável e tranquilizadora, entre Argan e sua incompreensível doença.

Em nossos dias, é muitas vezes o tamanho da receita que tranquiliza o paciente e lhe dá a impressão de que seu problema é analisado e assumido. Com efeito, a função que desempenha o dinheiro na relação terapêutica não é unicamente financeiro, mas também simbólico. Que o tratamento tenha um custo que permite esperar que tenha igualmente valor; a troca entre o doente e o médico antecipa essa outra troca que o doente veio procurar: a troca de sua doença pela cura. Num sentido, não há cura gratuita. Certamente, há curas que o dinheiro não compra, mas essas são as mais custosas... "Uma mulher atingida por um fluxo de sangue há doze anos, que tinha sofrido muito nas mãos de vários médicos e tinha gasto tudo sem nenhum resultado, mas ia de mal a pior, tinha ouvido falar de Jesus" (Mc 5,25-27). Eis aí uma doente que se arruinou ao querer ser curada e que não foi. A hemorragia física se dobra com uma hemorragia financeira; o sangue corre, o dinheiro vai embora. O contraste é cruel entre as notações que evocam a crescente gravidade da situação (*doze anos, muito sofrimento, numerosos médicos, todo o seu dinheiro*) e a brutalidade seca do resultado (*nenhum proveito*). Marcos, mais desaforado que Lucas, acrescenta até que a intervenção dos médicos prejudicaram a paciente (dito de outro modo, quanto mais paga, menos é curada!). E contudo, era preciso dar tudo. Era preciso que a doente não tivesse mais nada a perder para tentar essa furtiva ida a Jesus, obtendo essa cura forçosamente "roubada", já que a mulher não pode mais pagá-la. Sim, ela rouba sua cura de Jesus, pois ele mesmo tem consciência da "força que tinha saído dele" (Mc 5,30). E o que sai assim clandestinamente dele estanca o sangue que sai secretamente da mulher. Contudo, é preciso ainda, e é isso que é custoso (a mulher está "amedrontada e trêmula", v. 33), que saia também a confissão, a palavra de verdade.

O custo da solidariedade: hoje como ontem, o que dar para a cura de outrem?

Os evangelhos apresentam vários episódios em que a solidariedade entre um doente e seus parentes se manifesta – ou não se manifesta. O quadro familiar presta-se a isso de maneira evidente: um pai ou uma mãe vem implorar a cura de seu filho, Marta e Maria informam a Jesus que Lázaro está doente. Além dos laços do sangue, o paralítico deve à obstinação e ao talento de seus carregadores ter sido apresentado a Jesus não obstante a multidão. Ao contrário, o paralítico da piscina da porta das Ovelhas é abandonado à própria sorte: "Senhor, eu não tenho ninguém para me lançar na piscina quando a água é agitada" (Jo 5,7). Trata-se sem dúvida aqui de uma crença popular, segundo a qual a agitação da água, de origem divina, produz uma cura milagrosa. O texto evita insistir nisso, mas sugere, contudo, que a indiferença e a dureza de coração dos homens podem tornar vã a ação de Deus.

Enfim, pode-se ler o episódio da cura do possesso geraseno (Lc 8,26-39) como uma questão dirigida a sua comunidade: está ela pronta para sacrificar uma parte de seus bens – aqui, a manada de porcos – para que um dos seus seja curado? Isso não quer dizer, naturalmente, que Jesus faça pagar seus serviços. Nada compra este exorcismo salvador, mas, de fato, ele é operado às custas de alguém, provoca uma destruição de riqueza. Ora, as pessoas da cidade suplicam a Jesus que se afaste delas; o antigo demoníaco, ao contrário, fica aos pés de seu benfeitor, depois pede para segui-lo. Eis aí duas maneiras diametralmente opostas de se posicionar em relação ao acontecimento e à pessoa de Jesus. Certamente, não é dito explicitamente que a perda econômica entre aqui em linha de conta. Constata-se, contudo, que a comunidade não se alegra, não manifesta nenhuma gratidão a Jesus e não reintegra em seu seio aquele cuja maldição consistia precisamente em ser desumanizado, então em particular não socializado. Já que a possessão demoníaca não foi assumida coletivamente, considerada como dependente da responsabilidade de todos, embora um só fosse atingido, então a cura só atinge o interessado, ela é impossível de ser partilhada.

Poder-se-ia ir até a dizer que esta cura perturba certa ordem do mundo com o qual todos se acomodavam: não é estranho que os habitantes manifestem o susto justamente no momento em que cessa o comportamento tão assustador (nudez, solidão, vadiação, gritos e até automutilação) do antigo doente? Era, então, normal que uma pessoa fosse oprimida sob o jugo de Satanás. Nesse caso,

3 - Curar junto: do corpo próprio ao corpo social

tudo se passa como se o possesso desempenhasse implicitamente a função de bode expiatório. Carregado simbolicamente com os pecados do povo, ele era expulso para o deserto (Lv 16,21-22); ora, é precisamente o lugar para o qual o possesso é impelido (Lc 8,29). Abrigando o demônio "Legião", isto é, a multidão dos poderes homicidas, ele concentra em si tudo o que poderia ameaçar seus compatriotas. Ele está perdido, certamente, mas os outros estão abrigados, pois uma presa humana foi abandonada ao espírito maléfico; abandono sem esperança, pois o que poderia um homem só contra este exército de invasão? Então se compreende porque a cura passa pela expulsão para a manada de porcos. Esta vez, a comunidade é implicada, à força e brutalmente; esta vez, a maldição é "repartida" e não mais concentrada numa só cabeça. Já que os demônios do possesso são, de fato, os demônios de todos, então o exorcismo deve ser público e até maciço. Ele termina quando a manada se lança no mar, símbolo, na cultura semítica, do mundo das forças obscuras e hostis: a terra dos homens é libertada do império demoníaco graças ao poder de Deus que se manifesta em Jesus. Assustados e pouco sensíveis ao aspecto salvador do acontecimento, os habitantes suplicam a Jesus que se afaste e o homem curado pede para segui-lo. Contudo, se o antigo possesso deixa a cidade, o que ficará como sinal do que aconteceu? Antes ele era excluído, agora ele partiu por si mesmo: em suma, nada mudou entre esse homem e seus compatriotas. Mandando-o para sua casa, Jesus afirma, ao contrário, que ele deve retomar plenamente seu lugar entre os seus. E, de fato, o homem invade o espaço público, "proclamando pela cidade inteira tudo o que Jesus tinha feito para ele" (Lc 8,39).

E hoje, o que estamos prontos para dar para a cura de nossos irmãos? A questão concerne a nós sempre e ela se torna regularmente uma dos jornais, embora sob uma forma menos "confessional". Com efeito, nas sociedades ocidentais modernas, a prática da seguridade social e mais particularmente do seguro-saúde institucionalizou a solidariedade na partilha, ao menos financeira, dos custos de saúde. Funcionando como uma seguridade obrigatória, ela visa garantir a todos o acesso aos cuidados, considerado como um dos direitos do homem: a seguridade social tem, então, uma dimensão política, pois ela exprime uma opção de sociedade. Contudo, o problema persistente do controle das despesas de saúde, em aumento constante, põe a questão da relação entre a solidariedade coletiva e a responsabilidade individual. Se a saúde se tornou um imperativo social, é também por causa dessa interdependência financeira, segundo a qual atos individuais têm consequências para a coletividade: o alcoolismo, o fumo, os cânceres, mas também a dor lombar ou a obesidade representam um custo enorme, que é suportado pela sociedade inteira. Dar a cada um os meios de ser cuidado não é ainda a promessa da cura, mas é ao menos uma condição de possibilidade. É também um trabalho de integração social que, reconciliando a sociedade com seus membros mais frágeis, a torna mais justa e mais humana.

O CORPO EM SOFRIMENTO: CURAR DA EXCLUSÃO

A saúde não é apenas um domínio, entre outros, em que se manifestam as desigualdades sociais. O corpo próprio pode agir como um verdadeiro revelador do estado do corpo social: é o caso em particular entre os pobres, os mais marginalizados. Quanto mais são rejeitados, mais eles expõem e manifestam, por sua deterioração física (chagas, deficiências, estigmas do alcoolismo ou da droga, magreza...), os males de que sofre a sociedade. A exclusão se encarna e, por uma viva e perturbadora metáfora, ela se manifesta em um nível duplo: o que é separado do corpo social separa-se de seu próprio corpo, torna-se incapaz de cuidar de si mesmo. "Quanto mais a desconexão com a realidade social é importante, mais o indivíduo parece perder a compreensão de seu corpo enquanto entidade. O sofrimento físico, a apreensão diante de uma ferida, a responsabilidade instintiva

3 - Curar junto: do corpo próprio ao corpo social

que sentimos diante de nosso corpo são neles deslocados, ignorados ou ocultos. Quando alguém vem consultar por um problema de pé e que seu dedo do pé parte com suas meias, há de modo evidente uma fissura patológica entre seu pé, sua dor e aquilo em que pode sentir-se atingido."[4] De uma maneira paradoxal, a relação de uma pessoa com seu próprio corpo nada tem de imediato, de natural, de espontâneo; ela tem necessidade, ao contrário, para se construir, de uma mediação social, geralmente representada, nos primeiros anos da vida, pelo olhar benevolente, pelas carícias e pelos cuidados empregados pelos pais.

Para a associação "Aos cativos a libertação", as pessoas da rua são particularmente expostas à estigmatização pelo corpo social, julgamento que elas acabam por aceitar por sua conta.

> Muitas vezes, estas inadaptações ao mundo moderno, à sociedade complicada na qual vivemos, particularmente na cidade, são sentidas mais especialmente por grupos sociais em que as más fadas, desde o nascimento, distribuem largamente instabilidade no trabalho, violências, abusos sexuais, alcoolismo... De todas estas pessoas, as pessoas ditas normais se sentem cada vez mais distantes, cada vez mais indiferentes. O elo social rompeu-se e fala-se de exclusão, de fratura social. Seguramente, o medo está no encontro: há uma diabolização, em certos grupos sociais, drogados, prostituídos, errantes. Então, finge-se não os ter visto, não são desejados como vizinhos. A palavra mestra é o desaparecimento: tenta-se fazê-los desaparecer. Ao mesmo tempo em que o encerramento nas prisões ou nos hospitais psiquiátricos para as pessoas perigosas, o desaparecimento é o tratamento social que se inflige aos que são menos perigosos, que estão ao lado da estrada. Muitas pessoas da rua desaparecem sem barulho; elas utilizam o álcool, vinhos, comprimidos e drogas para desaparecer a si mesmos sofrendo menos: de certa maneira, elas aceitam o julgamento que se faz sobre elas. Elas estão mortas socialmente antes de desaparecer fisicamente.[5]

---
[4] HENRY, Patrick e BORDE, Marie-Pierre. *La Vie pour rien,* Paris, Roberto Laffont, 1997, p. 211.
[5] COLLIN, Aude e DE TRAVERSAY, Laetitia, *La Rue les mains nues,* Paris, Bayard Éditions, 2001, p. 94-95.

Onde pode haver cura quando a patologia, longe de ser acidental, é o fruto de uma lógica social oculta, mas implacável? A rua mata, prematuramente (idade média: 43 anos), e não é por um acaso. Contudo, por que se interessar pelos mortos, já que tudo acabou para eles? Ao contrário, "Aos cativos a libertação" tomou a iniciativa, com outras associações, de organizar uma cerimônia inter-religiosa para as pessoas mortas na rua e por causa da rua. Trata-se antes de um ato de memória: lutar contra o anonimato, devolver a esses mortos um nome e uma identidade. Detalhes, tempo perdido... "seria melhor se ocupar com os vivos!"? Pode-se ver aí ao contrário uma obra decisiva de humanização, tão grande é o alcance antropológico do tratamento da morte e dos mortos, um rito elementar e contudo imenso, como o pó lançado por Antígona sobre os cadáveres de seus irmãos. Nem "reparo", nem irrisória compensação *in extremis*, menos ainda condescendência: honrar as pessoas mortas na rua é proclamar sua dignidade ao inverso e contra tudo, é afirmar que seu afastamento constitui uma desordem para a sociedade. É também fazer obra de cura para essa mesma sociedade que se mutila, excluindo daí a dimensão pública e mesmo política dessa operação. Acrescentemos que, numa cultura que nega e esconde a morte – como ela nega e esconde a exclusão –, fazer surgir uma mensagem em torno desses mortos esquecidos se torna um gesto profético.

A deficiência, em particular mental (mas ela comporta quase sempre igualmente marcas físicas), é outro exemplo surpreendente da intolerância crescente do corpo social diante de toda forma de fraqueza ou de não conformidade ao modelo dominante de desempenho. Ora a deficiência é, na hora atual, incurável; a pessoa deficiente representa então – torna presente, evidente – uma vida ferida sem melhoras e que se julgará forçosamente diminuída, inferior, se comparada com o que é "normal". A deficiência é ainda menos curável e a pesquisa neste domínio é muito limitada, carente de meios – isto é, falta ser considerada como prioritária. Com efeito, uma escolha de sociedade foi feita: suprimir

3 - Curar junto: do corpo próprio ao corpo social

o portador de deficiência para suprimir a deficiência. Aí ainda, é o corpo afetado de uma fraqueza visível que deve absolutamente ser escondido. Os meios técnicos permitem hoje evitar o nascimento, isto é, a vinda ao mundo; para os que já nasceram ou que nascem apesar de tudo (graças à resistência heroica dos pais), a rejeição faz a mesma função. Assim, o corpo social é protegido de uma confrontação traumatizante – para as pessoas "normais", certamente, geralmente muito mal à vontade neste gênero de circunstância (a se perguntar quem é o mais deficiente...).

>   Como não reconhecer que nossa sociedade é discriminatória, tendo atitudes tão negativas contra as pessoas deficientes e julgando que é preferível que certas vidas não sejam vividas e, para isso, paradas antes do nascimento? É muitas vezes invocado o argumento do sofrimento da criança, se nascesse. Ora, esse sofrimento é reforçado por comportamentos individuais ou coletivos que levam à exclusão. Ela poderia ser aliviada se toda pessoa humana fosse aceita tal qual é, independentemente do nível de suas capacidades mentais e da aparência que oferece ao olhar de outrem. [...] Trata-se de aprender a viver com pessoas "diferentes", para ultrapassar as reações espontâneas que surgem quando de um encontro breve e inesperado. É indispensável que alguém se sinta responsável por construir uma sociedade acolhedora e tolerante para com todos os seus membros, por mais despojados que sejam.[6]

Para partilhar a cura, é preciso também partilhar a doença. Aliás, cura-se alguma vez sozinho? Cura-se alguma vez por sua própria vontade, graças só às suas forças? A cura não é minha cura, a cura não é minha obra, nem minha obra prima, mesmo se sou eu que curo. Crer o contrário é uma ilusão e esta ilusão é evidentemente cultural, fruto de representações e de valores aos quais presta um culto idolátrico até aquele que crê nada dever a ninguém e esculpir orgulhosamente sua própria estátua – um corpo de pedra ou de metal. A liberdade, diante de nosso enraizamento, social nasce precisamente desta dependência assumida diante do "corpo constituído" (e sempre já constituído antes de nós), que é o corpo

---
[6] Conselho Permanente da Conferência dos Bispos da França, "Essor de la génétique et dignité humaine", Paris, editora du Cerf, 1998.

social. Contestar uma certa ordem social, sem assumir a parte que aí se toma forçosamente, é bancar o fariseu, o "separado": nós vimos, a respeito da cura do cego de nascença, a quais riscos isso expõe... Corpo constituído, mas também constituinte: como é preciosa a cura que permite retomar lugar no espaço social! Contudo, como "envolver" também os corpos doentes que estão longe, que estão escondidos, que estão enclausurados em seu sofrimento? A circulação é essencial a todo corpo e não estabelece hierarquia, superioridade entre os membros. Ainda é preciso se prestar à troca e à fluidez, a não reter para si mesmo o que vem de mais longe e deve ir mais longe, não fazer barreira, nem dique. E o mais difícil a partilhar é certamente o sofrimento e a adversidade. Despojado de tantas coisas, o doente retém seu mal como um bem, como seu bem, tenebrosa posse de que os que estão bem de saúde são indignos. Que "vizinhança" saberá abri-lo para esta partilha, que tanto nos falta?

> Um declive natural leva de fato curiosamente o doente a se apropriar de seu mal como um bem próprio e exclusivo, inacessível de acréscimo e inalienável, e se fechar em si mesmo nesta possessão. [...] Aceitar na paz interior partilhar seu sofrimento seria manter em segredo o discurso seguinte: "Caros pais e amigos, este mal que sofro é pesado para vós, eu sei. E fico desolado! Mas... ele é pesado... bem mais ainda para mim! Vós o sabeis. E contudo, que sou eu nisso? Nada mais que a parte sofredora de nossa comum humanidade! Nada mais que vossa parte sofredora! Sim! 'Vossa' parte sofredora!... Então, muito obrigado por me considerar assim: vossa parte sofredora! Obrigado por me suportar... e... de me amar assim! Obrigado... de me amar apesar de tudo!" O doente que animariam tais evidências e tais sentimentos e que consentiria em "partilhar" sua doença faria, sem dúvida alguma, junto de seu círculo e da sociedade, obra decisiva de humanização. [...] Recusar, ao contrário, partilhar seu mal, não aceitar ser um peso para a família e para a sociedade, isso pode parecer generoso e caridoso; isso pode mesmo justificar certos pedidos de eutanásia. A atitude, na realidade, é infeliz e mutilante. Não fazendo, em torno dos doentes, apelo à solidariedade dos saudáveis, ela deixa não empregada no corpo social uma função humana fundamental, cujo exercício é vital e constituinte para a pessoa humana como para a sociedade.[7]

---

[7] BURDIN, Léon. *Parler la mort. Des mots pour la vivre,* Paris, DDB, 1998, p. 128-130.

4 - O corpo eclesial, lugar de cura

A IGREJA, CORPO SOCIAL E CORPO CUJA CABEÇA É CRISTO

A comunidade cristã é, por vocação e identidade profunda, um lugar de reunião e de unidade. Não em primeiro lugar, porque ela agrupa pessoas que têm alguma coisa em comum (crer no Cristo), o que é o caso de qualquer associação. Com efeito, a comunidade não cria sua unidade, ela a recebe ao mesmo tempo como um dom e como uma missão e ela a recebe do Cristo que constitui sua Igreja como seu Corpo: "Ele é também a Cabeça do Corpo, isto é, da Igreja" (Cl 1,18). "Cabeça para a Igreja, que é seu Corpo" (Ef 1,22-23). Depois do corpo próprio (o corpo da pessoa) e o corpo social, eis o terceiro corpo que nós encontramos. Como para o corpo social, trata-se de uma imagem em relação ao sentido primário e de certo modo tipológico, do corpo próprio. Por familiar que seja, a imagem se deixa ainda perceber como tal, o que quase não é mais o caso quando se fala de "membros" (tanto da sociedade quanto da Igreja). A imagem do corpo é preciosa, porque permite exprimir ao mesmo tempo a diversidade e uma unidade considerada como orgânica; ela indica também uma presença concreta e viva. Tudo isso é verdade da Igreja e, se ela se assemelha ao corpo social, é antes de tudo porque ela se constitui um subconjunto.[1] Contudo a Igreja é ao mesmo tempo corpo e Corpo... Ao passo que a imagem do corpo indica a unidade e, num sentido, a autonomia, a Igreja como Corpo está em relação de dependência radical com sua Cabeça, isto é, com o Cristo. Afirmar que ela é o Corpo do Cristo é dizer que ela é constituída como seu Corpo pelo Cristo, em cada instante, e particularmente nestes momentos

---

[1] N.T.: Cf. Novo Dicionário de Aurélio Buarque de Holanda Ferreira, *conjunto contido em outro*.

privilegiados da reunião de toda comunidade cristã que são as eucaristias dominicais. Não se trata mais de uma constatação de tipo sociológico, mas de um ato de fé. E, contudo, é enquanto corpo social que a Igreja se torna Corpo do Cristo: na presença concreta e viva no mundo, na busca da unidade no próprio seio da diversidade de seus membros.

Ora, como corpo social, a Igreja não está isenta das reticências, até mesmo das resistências, dos preconceitos e da dureza que a cultura dominante manifesta em relação à integração de certas categorias marginalizadas. Ela experimenta aliás muitas vezes a mesma tentação de excluir, de deixar de lado. "Não é evidente, com efeito, que as comunidades cristãs realizam uma acolhida que contrasta, neste ponto de vista, com a atitude dos outros grupos sociais. É particularmente claro no que concerne aos doentes mentais [...]. Por que as comunidades cristãs não poderiam, de sua parte, tentar modificar seu ponto de vista, controlar suas reações, elevar seu nível de tolerância, aumentar sua capacidade de acolhida a respeito desses doentes? A Igreja não poderia distinguir-se na atitude geral que habitualmente os doentes mentais suscitam?"[2] É como dizer que, para uma comunidade cristã, ser aberta a todos nada tem de uma evidência: é um combate, uma conversão permanente. Contudo é um combate indispensável.

Não se trata de uma "boa ação", de um gesto de compaixão condescendente; trata-se de exigência, de fidelidade e de testemunho. "Mesmo na Igreja, não obstante todas as palavras de Jesus, de Paulo e não obstante vossos ensinamentos, Santo Padre, as pessoas com um defeito mental não são sempre honradas nem vistas como necessárias ao Corpo; elas são muitas vezes olhadas como insignificantes, objetos de caridade. Às vezes se cuida delas, mas sem ver que é uma honra, uma graça, uma bênção estar perto delas."[3] É ainda a comparação

---

[2] Relatório da Comissão social do episcopado francês, "Perspectives pastorales pour la santé", 1982.

[3] VANIER, Jean. Discurso por ocasião da entrega do Prêmio Paulo VI, 19 de junho 1997.

4 - O corpo eclesial, lugar de cura

do corpo, mas através do célebre texto da primeira carta aos Coríntios (1Cor 12,12-27) que Marie-Hélène Mathieu, cofundadora, com Jean Vanier, de "Fé e luz", utiliza para evocar a integração na Igreja das pessoas deficientes mentais: "[Graças à presença de uma comunidade Fé e Luz] os paroquianos se deixam familiarizar e aprendem a viver concretamente a palavra de São Paulo: 'Nós formamos um só corpo no qual cada membro é indispensável. Os membros do corpo que parecem os mais fracos são os mais necessários, e se há os que são menos apresentáveis, nós devemos tratá-los com mais respeito'".[4] As pessoas deficientes mentais são aqui apresentadas como "membros de direito" do corpo eclesial, ao mesmo título que não importa qual outro cristão; pô-las à parte é então uma injustiça fundamental diante delas, mas para o corpo mesmo é uma verdadeira mutilação.

A acolhida das pessoas da rua vem do mesmo imperativo. "Nós tivemos que alertar paróquias no momento em que fomos à frente das pessoas da rua: "Ficai atentos às pessoas da rua que estão em vosso território paroquial. Vós sois responsáveis por elas!" [...]. Se nós constituímos verdadeiramente o corpo do Cristo, devemos acolher no seio da Igreja os deficientes, os coxos, os velhos, os aidéticos e as pessoas da rua. No limite, poder-se-ia dizer que uma comunidade cristã que não acolhe essas pessoas está cega e em perigo. Temos de fazer um enorme progresso neste sentido.[5] A alusão à paróquia é preciosa: é uma das formas eclesiais de base, uma das mais concretas igualmente, por seu caráter geográfico. A paróquia tem vocação de acolher, simplesmente, toda pessoa que vive neste território, mesmo se ela mora na rua, isto é, um espaço público, em princípio inabitável. Dito de outro modo, mesmo um sem domicílio fixo tem uma paróquia, aí ainda "de direito".

---

[4] MATHIEU, Marie-Hélène. "Les personnes handicapées et l´Église", Questions actuelles, "Les personnes handicapées", maio-junho 2002, p. 41.

[5] Proposta do Padre Patrick GIROS (fundador de "Aos cativos a libertação") em: COLLIN, Aude e DE TRAVERSAY, Laetitia. La Rue les mains nues, Paris, Bayard Éditions, 2001, p. 42-43.

Doença e afastamento:
reunir de novo os corpos ausentes

Porque a paróquia tem por missão reunir concretamente seus membros, em particular para a eucaristia do domingo, os que não podem ir, isto é, em primeiro lugar os doentes que correm o risco de se sentirem excluídos. Uma humilhação a mais, que manifesta cruelmente a fraqueza física: uma ruptura a mais, que agrava o afastamento social: a missa é também uma ocasião de reencontro, tanto mais preciosa quando se está mais exposto à solidão, é a participação num rito e num ritmo social. Enfim, o apoio espiritual pode fazer falta no momento em que ele se torna o mais necessário. Certamente, a vida de fé não comporta só aspectos comunitários; em casa, pode-se rezar, meditar, ler a Palavra de Deus e até se unir a celebrações pelo rádio ou pela televisão. Contudo, na hora em que muitas certezas se desmoronam, em que a fraqueza do corpo se comunica à pessoa toda, como encontrar sozinho a força de empreender esta caminhada incerta, difícil e às vezes amarga para a cura?

Na lógica "geográfica" da paróquia, perguntar-se-á antes "onde se encontra o fiel ausente?". Dois casos podem apresentar-se: o doente efetivamente deixou o território paroquial, por exemplo, para procurar um estabelecimento de cuidado; ou bem ele não deixou o território, mas é incapaz de se deslocar fora de seu domicílio. Essa situação pode, aliás, esconder problemas muito concretos de acessibilidade à igreja: bastam alguns degraus para transformá-la em fortaleza ao assalto da qual cadeiras de rodas e bengalas não se arriscam... Um serviço de acompanhamento é então bem-vindo. Na mesma ordem de ideia, a ausência de sonorização desencoraja os que ouvem mal. Naturalmente, não há nenhuma vontade deliberada de excluir certas categorias de fiéis; mas a falta de atenção a certos detalhes acaba por produzir o mesmo efeito. Aí ainda é muitas vezes o reflexo de uma mentalidade coletiva que confirma a "dominação" dos válidos.

4 - O corpo eclesial, lugar de cura

A maior parte das paróquias é sensível à questão que mantém o fiel retido em sua casa: como manter o elo? Essa questão, recordemos, supõe que tal elo já existe, o que facilita evidentemente as coisas, mas não deve levar a descuidar dos doentes menos inseridos (infelizmente mais difíceis de encontrar). Muitos meios concretos são postos em ação neste domínio, com generosidade e criatividade. Contudo, não é inútil se perguntar sobre os pressupostos antropológicos e eclesiológicos que sustentam essas ações. É significativo que a pastoral dos doentes constitui uma prioridade, um eixo forte da vida da paróquia e não simplesmente um dos serviços que uma comunidade cristã deve oferecer. Pode-se também perguntar quem tem qualidade para testemunhar a solicitude da Igreja e de que maneira: é única ou principalmente a função do padre? É um trabalho de equipe? Serão propostas visitas cujo objetivo é explicitamente espiritual (levar a comunhão, dar o sacramento dos enfermos) ou também "simples" encontros amigáveis (o que permite responder a perguntas vindas de pessoas não crentes ou não praticantes)? O nome mantido já é um pouco um programa; um médico reagiu assim à denominação "Presença de Igreja junto aos doentes" (uma associação de Grenoble): "Quando se põem face a face a Igreja e os doentes, parece querer pôr em presença dois grupos distintos, ora 'os doentes' são a própria Igreja: as comunidades cristãs têm de procurar os caminhos que as tornem presentes aos membros que a compõem – doentes ou não. [...] Neste caso, creio que preferiria uma 'sigla' como 'Presença da Igreja sofredora... a ela mesma'".[6]

Frequentemente se é levado, com efeito, a considerar que o doente é beneficiado pela caridade eclesial. Na pior da hipóteses, e de maneira mais ou menos consciente, torna-se mesmo um dar valor: "Ainda um que vai me dar o golpe do beijo no leproso. [...] Todos os mesmos: crer-se-ia que o Bom Deus me deu a lepra expressamente para lhes fornecer a ocasião de ganhar o Céu" (o Leproso, em *O Diabo e o Bom Deus*, de Sartre). Ao

---

[6] CENTRE THÉOLOGIQUE DE MEYLAN. *Guérir*, Paris, Éd. du Cerf, coll. 1 "Dossiers libres" 984, p. 99-100.

contrário, raramente se interroga sobre o que o doente é capaz de dar e sobre a maneira de exprimir e valorizar tal dom. Aqui se encontra, e é pena, o olhar que a sociedade dirige à doença: um tempo irremediavelmente "improdutivo", inútil – julgamento que o próprio doente é muitas vezes tentado a fazer por sua conta. (E a Igreja não é a última a valorizar o ativismo.) Certas iniciativas procuram, contudo, explorar o caminho de uma outra fecundidade, menos visível, mas não menos real. Podem ser citados os "cooperadores sofredores" reunidos por Madre Teresa ou os "mosteiros" da paróquia da Trindade (Paris) e de Saint-Philippe-du-Roule (Paris): as pessoas doentes são convidadas a tomar parte do apostolado, pela oração e pela oferta de seus sofrimentos. Um laço misterioso, da ordem da comunhão dos santos, une-as às pessoas empenhadas "no local"; elas partilham assim os projetos e a missão de um movimento ou de uma comunidade. Contudo, porque os doentes estão "escondidos", é desejável que o que lhes concerne seja particularmente "publicado". Tomemos o exemplo da comunhão levada a domicílio. Não se exprime de modo nenhum a mesma coisa quando se repõe uma custódia às escondidas depois da missa ou quando depois da oração eucarística chamam-se em alta voz as pessoas que vão visitar os doentes a ir ao redor do altar para receber as hóstias necessárias. Neste último caso, os doentes são simbolicamente os primeiros a ser servidos, mas no mesmo movimento que a assembleia presente. Na mesma ordem de ideia, celebrar o sacramento dos doentes durante uma eucaristia dominical é um excelente meio de manifestar que o conjunto da comunidade é envolvido e sustenta com sua oração seus membros sofredores. Reciprocamente, os doentes dão o testemunho de sua fé e de sua esperança e contribuem para fazer conhecer melhor o sacramento que vão receber (que, por razões históricas, é ainda largamente assemelhado à extrema unção). Como a doença é muitas vezes "privatizada" e dissimulada, ela fornece aqui a ocasião de um acontecimento social que alarga o círculo da solidariedade familiar ou amigável.

A comunidade cristã, um lugar profético

Quando a comunidade cristã é aberta e acolhedora a todos, quando reúne os que estão excluídos ou escondidos, quando honra os que são desprezados, ela não é somente fiel a sua missão e a sua natureza profunda, dá um testemunho diante dos homens e para os homens. Ela mostra que outra maneira de viver juntos é possível. Ela desempenha, então, uma função ao mesmo tempo crítica e profética. A vertente crítica é a contestação de certa ordem social que é uma verdadeira desordem, é a recusa da submissão cega a valores idolátricos e mortíferos: desempenho, espírito de competição, rejeição da diferença, incapacidade de aceitar que a condição do homem seja submetida a limites como a deficiência, a doença ou a velhice... A vertente profética é a realização concreta de um modelo de vida em sociedade que não é sem dúvida perfeito, mas que se baseia em uma outra perspectiva, que indica uma outra direção: a do Reino. Ora, o Reino não é uma utopia a mais; é mesmo totalmente o contrário de um "nada de lugar" (no sentido etimológico da palavra utopia), pois ele representa e torna presente a vocação do mundo, desde o primeiro dia da Criação. O que a comunidade cristã faz vir, é o que a humanidade traz no mais profundo de si mesma, numa imensa e secreta aspiração à unidade e à paz, isto é, à reconciliação. Nisso, a comunidade é profeta, já que ela é "porta-voz" de Deus, proclamando a Palavra de bênção, como no começo, para um mundo doravante ferido. Contudo, é também carregar a Palavra – que é "mais incisiva que uma espada de dois gumes" (Hb 4,12) – como denunciar o mal que devasta o coração do homem, sob o império do pecado. Muitos profetas de Israel fizeram assim ouvir, com o perigo de sua vida, a voz da justiça e da verdade sem acomodação.

Contudo, há uma diferença essencial entre um profeta no sentido bíblico e um insuportável doador de lição: o profeta fica sempre solidário com o povo do qual saiu, inclusive quando fustiga suas faltas. Dependentemente dos acontecimentos, ele conhece, como seus compatriotas, a guerra, os cercos, a fome e a seca, até mesmo a deportação. Mesmo se sua fidelidade pessoal ao verdadeiro Deus contrasta com os progressos da idolatria, ele sabe que não tem de que se gloriar: "Toma minha vida, pois eu não sou melhor que meus pais" (1Rs 19,4). E sobretudo, ele assume de tal modo o cuidado pelo povo, geralmente rebelde, ao qual é enviado, que ele não pode limitar-se a vê-lo correr para o abismo. É por isso que o profeta chama incansavelmente à conversão, porque ela representa a única esperança de salvação e ele mesmo partilha essa esperança. Ele se torna então um intercessor, cuja figura mais sublime é Moisés, que "aplaca o Senhor seu Deus" (Êx 32,11) depois do episódio do bezerro de ouro. Compreende-se, então, que Jesus possa com todo o direito ser considerado como um profeta: já que ele é o Emanuel, "Deus conosco", ele representa efetivamente a forma acabada do ministério profético. Profética, a comunidade cristã o é quando partilha plenamente a condição dos homens de seu tempo, mesmo se ela propõe e põe em prática outros valores. Ela mostra assim que vive sob a condução do Espírito Santo, do qual o *Credo* afirma: "Ele é Senhor e dá a vida [...]. Ele falou pelos profetas". Tudo o que vai no sentido da esperança e do amor dá efetivamente a vida. E é porque a comunidade cristã é um "corpo social" como muitos outros – sendo igualmente um "corpo místico" – que ela mostra um exemplo modesto, mas crível, da vida fraterna. Ela fixa os olhos no céu, mas tem os pés na terra. Ela é uma contrassociedade, isto é, antes de tudo uma sociedade, e em nenhum caso uma antissociedade. É por isso que os cristãos não devem em nenhum caso aceitar tornar-se os "especialistas" da acolhida (dos estrangeiros, dos deficientes...) que dispensariam "os outros" de exercer suas responsabilidades: "É isso, fazei-o então para nós, vós sabeis tão bem fazer com eficiência!" Daí a importância do engajamento político. Ora a tentação é real: na hora em que a Igreja pode perguntar-se que lugar lhe resta na sociedade, esta função é tranquilizadora, porque ela procura uma identidade e designa uma missão, que de acréscimo parece perfeitamente em consonância com o Evangelho. É preciso, ao contrário, mesmo se é difícil, conjugar solidariedade e capacidade de interpelação.

Para curar e para morrer: a unção dos enfermos

Que a doença representa uma condição particular, a Igreja católica o testemunha, pois ela propõe um sacramento específico, a unção dos enfermos. Ela ocupa inegavelmente um lugar à parte na economia sacramental. Seu fundamento escriturário é dos mais sólidos. Além de que se pode invocar, de uma maneira geral, a solicitude de Jesus para com os doentes, a epístola de São Tiago atesta uma prática primitiva: "Alguém entre vós está doente? Que ele chame os presbíteros da Igreja e que eles orem sobre ele depois de o terem ungido com óleo em nome do Senhor. A oração da fé salvará o doente e o Senhor o levantará. Se ele cometeu pecados, eles lhe serão perdoados" (Tg 5,13-15). Dois versículos apenas, um "ritual" muito simples (oração, unção), aliás sempre em uso: eis aí um sacramento que se anuncia modesto, é sem história! Ele não é nada, naturalmente. "O quinto sacramento", tão longe que podemos remontar a sua história, oscila entre dois polos: "a unção dos doentes" (com o objetivo da cura física ou ao menos da melhora da saúde) e a "extrema-unção" (com o objetivo de uma cura espiritual, a saber o perdão dos pecados e a preparação para o encontro com Deus na morte).[7] Certamente, a reflexão teológica não deixou de se ocupar com essa questão. Contudo, o componente antropológico e cultural, presente em todos os sacramentos, pesa aqui tanto mais fortemente, porque se trata da confrontação entre duas realidades angustiantes e misteriosas, a doença e a morte. Já que a fé se insere no campo social (o que

---

[7] GRESHAKE, Gisbert. "L'onction des malades. Le balancement de l'Église entre guérison physique et guérison spirituelle", *Concilium* "Maladie et guérison", n. 278, 1998, p. 101.

expressamos aplicando a expressão "corpo social" à Igreja), a maneira como a unção dos doentes é concebida e praticada entra em ressonância com o sentido que a sociedade atribui à experiência da doença e da morte.

A evolução mais recente foi operada pelo Vaticano II: "A 'Extrema-Unção', que também e melhor pode ser chamada 'Unção dos Enfermos', não é um Sacramento só daqueles que estão nas vascas da morte. Portanto, tempo oportuno para receber a Unção dos Enfermos é certamente o momento em que o fiel começa a correr perigo de morte, por motivo de doença ou de idade avançada" (*Sacrosanctum concilium*, 73). Essa nova orientação oferece vantagens antropológicas e teológicas evidentes. Primeiramente, reintroduzir o tempo, o que é essencial em relação à doença. Separada da angústia e da urgência dos últimos momentos, a unção pode ser o objeto de um passo refletido e preparado: ela é o fruto de um amadurecimento, mas também de uma experiência, na duração, do enfraquecimento grave do corpo. Segunda vantagem, reintroduzir o próprio fiel como sujeito responsável do sacramento: com efeito, quando a unção é conferida na última hora, é muitas vezes em resposta a um pedido dos parentes. Acontece que o doente esteja inconsciente (espera-se mesmo às vezes deliberadamente esse momento) ou que se ignore se ele está ainda vivo, caso em que a liturgia prevê uma unção sob condição. Com o Vaticano II, a unção dos doentes é separada do momento da agonia, então da função de "rito de passagem" deste mundo para o além. Contudo, ela mantém um laço muito forte com a morte, que ela ajuda a encará-la de frente. A unção dos doentes não é mais o sacramento da morte, mas antes o sacramento da confrontação com a morte e mais precisamente com sua própria morte, a morte na primeira pessoa. Aí reside a ambiguidade constitutiva da unção, como testemunham preconceitos pastorais às vezes muito diferentes. Com efeito, é grande a tentação de não mais honrar o laço com a morte, por duas razões. Primeiramente para contrabalançar o polo "extrema-unção", que continua muito presente na mentalidade corrente, inclusive entre cristãos. Sacramento desconhecido, geralmente administrado em lugares "especializados" (hospitais ou grandes ajuntamentos como em Lourdes), a unção dos doentes dificilmente pode ser o objeto de uma catequese apropriada e os reais esforços educativos neste domínio têm forçosamente uma ação lenta. A segunda razão está na denegação da morte na sociedade moderna; parece evidente que ela deve ser escondida, negada, ocultada, sobretudo em relação ao que vai morrer. Mergulhando eles também na cultura moderna, os cristãos (e seus pastores) não estão mais à vontade que seus contemporâneos para encará-la e falar dela. A Igreja se torna, então, cúmplice de um fenômeno social que, no fundo, mutila o homem e desconhece sua extraordinária capacidade de dar sentido mesmo ao inaceitável? É a opinião de Léon Burdin, capelão do centro anticanceroso parisiense de Villejuif: "Quando a Igreja quer reabilitar o sacramento dos enfermos, chamado outrora extrema-unção, ela crê dever fazê-lo colocando este sacramento à distância da morte. Em minha opinião, é um erro. A morte não é dita, mas assumida. Não se ousa dizer que a morte está em ação. Contudo não é somente o problema da Igreja, pois o sacramento dos enfermos é difícil de ser proposto numa sociedade em que a morte está ocultada. Então, a Igreja também não tem uma ideia clara sobre este problema da morte. A ressurreição não é colocada no próprio coração da morte. Todavia, alguém que parte 'como é preciso' dá nascimento a um jorro de vida. A vida está no coração da morte".[8] A prática atual pode então voltar a dar um "curto-circuito" na morte e a poupar ao fiel uma custosa confrontação com o mistério de seu próprio fim. Contudo, não pode tratar-se senão de um engodo, pois a confrontação é infelizmente (ou talvez felizmente?) inevitável.

---

[8] "Libérer la parole", em *Vie chrétienne,* n. 430, maio 1998, p. 9.

> Um dia, minha atenção foi atraída pela maneira com que elas [duas mulheres] se felicitavam e até se gloriavam bastante soberbamente de "já" ter recebido a unção dos enfermos. [...] alguma coisa soava falso na maneira exaltada com que elas nos falavam: nem uma nem outra, parecia-me, tinha então, nessa época da recepção deste sacramento, assumido a eventualidade – até mesmo a probabilidade – de sua morte a vir. "Hoje, não é mais 'a extrema-unção'", diziam elas! "Este sacramento é o sacramento dos doentes! É o sacramento da vida. Vede: ele não faz morrer; ele faz viver!" [...] E eis que a alguns dias de seu fim [uma delas] me mantinha a distância! [...] Sem dúvida ela acabava, pela primeira vez, por encontrar a morte, a verdadeira, a sua desta vez; não mais a morte em geral, a que o olhar olha com interesse e curiosidade à distância, no horizonte longínquo da vida. Era a sua desta vez; a verdadeira. Eu não a reverei mais. Contudo, seu rosto, não posso impedir-me de associá-lo a este sacramento que ela tinha ido buscar tão longe, tão cedo, muito cedo talvez... Longe também de sua morte, quando entretanto muito próxima. A relação entre a unção dos enfermos e a maneira de o enfermo encarar sua morte a vir pode conhecer diversos graus de intensidade ou de intimidade; parece-me, contudo, na ordem das coisas que o sacramento esteja ligado estreitamente no espírito do enfermo com a experiência terminal de uma morte claramente posta e submetida já ao trabalho de aceitação.[9]

É dizer que, decididamente, a unção dos doentes tem alguma coisa de mórbida e que ela não propõe, diante do mistério da morte, senão uma resignação desmobilizante, mais ou menos resgatada por sentimentos piedosos? Bem ao contrário!

> Este sacramento da unção dos enfermos pode ser um instrumento maravilhoso, um instrumento privilegiado para ajudar o enfermo e a família a dar sentido a seu sofrimento e viver a separação na base de uma esperança comum. [...] Atos ou palavras que a mentira ou o silêncio proibia até aí se tornarão então possíveis e naturais. (O enfermo) ousará ele mesmo exprimir e realizar últimos desejos; ele chamará o amigo ou o parente e lhes dirá seu afeto, seu reconhecimento, seu agradecimento ou seu perdão. Uma liberdade nova, fervente de vida e de projetos, ocupará o lugar deixado livre pelo segredo da angústia. Assim assumido e posto com determinação pelo enfermo, o sacramento da unção dos enfermos poderá, às vezes,

---

[9] BURDIN, Léon. *Parler la mort. Des mots pour la vivre,* Paris, DDB, 1998, p. 95-97.

revestir o aspecto de um ato subversivo no meio do dispositivo hospitalar. Seus efeitos de clareza, de força e de paz jorrando sobre o enfermo e sobre seu ambiente familiar, ele imporá a esses últimos sua própria morte como uma realidade humana e natural; ele contribuirá assim para fazer aceitar, mas na serenidade e na paz, este acontecimento insuportável. Hoje, quando o trabalho de luto se torna penoso e tão doloroso, seria importante que fosse valorizado, porque mais bem percebida a eficácia fundamentalmente humana e "operacional" que este sacramento recebe da fé da qual ele é o instrumento. Falsamente percebido como prática magicamente eficaz, e então humanamente inútil, este tesouro da fé cristã está cruelmente ausente na expectativa e no dispositivo de acompanhamento dos que vão para seu fim.[10]

Esse sacramento representa, então, um tríplice serviço que a Igreja presta ao enfermo, a si mesma e à sociedade.

A unção dos enfermos implica, então, renunciar a toda ideia ou esperança de cura corporal, para se preparar para acolher sua morte? A questão dos eventuais efeitos físicos do sacramento estaria então definitivamente resolvida: não se deve esperar senão uma graça de ordem espiritual (perdão dos pecados, reconforto, serenidade, fortalecimento na fé...). Pode-se antes observar que a unção dos enfermos, longe de repudiar o corpo, leva-o em conta de maneira central. É de certa forma o corpo do fiel que decide quando chegou a hora de receber o sacramento, já que o critério primeiro é o golpe grave na saúde, o enfraquecimento manifestado. Ora, é justamente o momento em que o corpo suscita, no interessado e a seu redor, os sentimentos mais ambivalentes (compaixão misturada com horror, rejeição, negação, desprezo...) e onde ele é abandonado à competência técnica dos médicos para se tornar objeto de cuidados. O interesse que o rito lhe traz vai então contra um olhar quase unanimemente negativo e "coisificante". O corpo de que a Igreja se ocupa é um corpo habitado, um corpo significante, um corpo de relações, em resumo, o corpo de uma pessoa. A unção não despreza nenhum desses aspectos.

---
[10] BURDIN, Léon. *Parler la mort*, p. 93-95.

É enquanto seu corpo é destinado ao mundo escatológico que o enfermo se encontra convidado a um consentimento que ultrapassa sua cura imediata para viver até a integração de suas deficiências, fossem elas mortais. Não se admirará, então, que muito frequentemente a unção dos enfermos possa provocar uma melhora biológica significativa; tanto é verdade que esta insere sua eficácia num processo mais vasto. O sacramento chama o enfermo, qualquer que seja o grau de seu mal, a restaurar sua identidade pessoal e seus laços humanos numa perspectiva de abertura à vida e mesmo à Vida. A unção pode, então, operar uma real reunificação, com a condição de que o novo desabrochar corporal possa situar-se numa ordem de valores que ele não domina. [...] A Igreja sabe que o corpo é o caminho, a mediação, a única que seja para aquele que, ferido, quer encontrar a graça de Deus e seu conforto. O óleo diz algo da luminosidade do corpo ungido. Ela deixa sobre ele um traço luminoso, sinal da luz que este corpo pôde exprimir para muitos de seus irmãos. Trata-se aí do traço no homem do mistério pascal já celebrado quando do batismo, sinal de certo modo do embalsamamento do Cristo, prelúdio de sua ressurreição. E, de outra parte, o rito não pode tomar corpo senão graças a esta comunidade que tem a tarefa de dar testemunho do corpo do Cristo. Pelo óleo, Jesus Cristo faz o corpo do enfermo entrar em comunhão com os outros membros do corpo que é a Igreja.[11]

CURAR GRAÇAS À FÉ?
AS CURAS EXTRAORDINÁRIAS

O homem sempre dirigiu pedidos de cura às divindades e a seus representantes. É particularmente verdade, e inevitável, quando o religioso engloba o conjunto da vida social, mas o aparecimento no Ocidente de uma medicina laicizada não pôs fim a tal pedido. As autoridades religiosas reagem muitas vezes de maneira ambivalente. De um lado, certa "partilha do mundo" atribuiu mais ou menos implicitamente à medicina o domínio dos corpos, o religioso reservando para si o império das almas. A cura física vem de uma conduta doravante racional, e sobretudo

---

[11] RENIER, Louis-Michel. "Les sacrements des malades dans l'oeuvre commune de santé", *La Maison-Dieu* n. 217, "Fragilités humaines et liturgie", 1999/1, p. 65-66.

4 - O corpo eclesial, lugar de cura

a cura espiritual é considerada superior, então mais desejável. De outro lado, ensina-se que Deus é senhor da vida e da morte e que a sorte de cada um está em suas mãos. Ainda mais, a fé visa tomar o conjunto da vida e fornecer respostas ou guias de conduta para todas as circunstâncias. Pode-se assim, por exemplo, interpretar a doença como um convite à penitência e à conversão; se a cura sobrevém, atribuir-se-á facilmente à benevolência divina. Pedir a Deus a cura do corpo é então uma atitude ao mesmo tempo encorajada e enquadrada. É justo e bom esperar dele tudo o que faz viver, mas essa cura não é o bem supremo e é antes a graça da conversão que o fiel deve humildemente solicitar. Ora, a doença pode inegavelmente ser um caminho de aprofundamento humano e espiritual, ainda que nada seja automático neste domínio. Pascal o tinha compreendido bem escrevendo sua *Prece para pedir a Deus o bom uso das doenças* (1666). O adjetivo "bom" não se refere à doença, mas ao uso que se faz dela; este eventual "bom uso", longe de ser uma evidência, nem mesmo o resultado da vontade ou da sabedoria do homem, recebe-se de Deus como uma graça, um dom. Em resumo, nem a doença, nem a saúde (pois se poderia também escrever uma "Prece para pedir a Deus o bom uso da saúde") fazem julgamento prematuro sobre o coração do homem.

Daí, bem antes da época contemporânea, uma atitude realmente crítica diante da cura, fosse ela de origem divina. Depois do milagre do Santo Espinho (que foi aliás o objeto de uma pesquisa médica e teológica muito séria), a madre Angélica de Port-Royal escreveu à rainha da Polônia: "As devoções aumentam sempre em nossa igreja [...] e em todas as horas do dia se traz roupa para tocar. Contudo, o que me consola mais é que muitos aqui vêm pedir a saúde de suas almas. [...] Tudo isso faz grande barulho. Peço a Deus que faça barulho para o crescimento da fé" (14 de julho de 1656).[12] É preciso notar contudo que a missivista pertence a uma elite espiritual de

---
[12] Citado em: PASCAL, Blaise. *Oeuvres complètes*, t. III, Jean MESNARD (ed.), Paris, 1991, p. 887-888.

seu tempo; a religião popular (as "roupas brancas para tocar") reagiu, parece, com muito mais efusão! Hoje, a antropologia subjacente a uma atitude desse gênero incomoda, pois se teme que ela encoraje o desprezo do corpo e desta vida. Contudo, os pedidos de cura dirigidos à Igreja suscitam geralmente embaraço e o cuidado de enquadrá-los e recolocá-los numa perspectiva de fé que não desapareceu. Nós nos interessaremos por dois "lugares" de cura cujos estatutos e modos de funcionamento são bem diferentes, até mesmo quase opostos em certos pontos: Lourdes e as comunidades carismáticas que praticam a oração de cura.

As curas de Lourdes, uma "propaganda oficial"?

Cura-se em Lourdes desde o princípio, já que a primeira cura aconteceu no dia primeiro de março de 1858, antes do fim das aparições. João Pedro Bély, curado de uma esclerose em placas em outubro de 1987, é o sexagésimo sexto e último caso até este dia, reconhecido oficialmente em 10 de fevereiro de 1999. O processo de reconhecimento comporta atualmente três etapas. As duas primeiras são de natureza puramente médica e fazem intervir o Departamento Médico depois o Comitê Médico Internacional; se a cura é declarada "medicamente inexplicada", o dossiê é submetido ao bispo da diocese onde reside o antigo doente. A terceira etapa é canônica: apoiando-se no dossiê médico, mas também nas circunstâncias e nos frutos da cura, uma comissão canônica diocesana examina o caso. O bispo decide, então, reconhecer solenemente a cura, em nome da Igreja. Entre 6.500 dossiês de curas abertos em Lourdes, 2.500 curas foram qualificadas de extraordinárias de um ponto de vista médico e 66 foram reconhecidas como miraculosas. Tal processo toma evidentemente tempo: a demora média que foi necessária para examinar os 22 casos reconhecidos desde 1949 é de quase onze anos (é o caso do próprio João Pedro Bély).

4 - O corpo eclesial, lugar de cura

Em sua versão oficial, os famosos "milagres de Lourdes" são, então, muito raros, pois eles são o fruto de uma seleção longa e exigente. Em contrapartida, eles representam (ou são tidos como representantes) fatos irrefutáveis – em suma, uma forma de "propaganda oficial de qualidade". Que o julgamento da Igreja intervenha depois do julgamento médico não é neutralidade. Primeiramente, os dois domínios são claramente separados e a Igreja se submete de certa forma à opinião técnica dos peritos, pois um caso medicamente duvidoso não é nunca "repescado"; contudo, ela conserva o controle da abertura do processo, afirmando com isso que provém de sua autoridade indicar o sentido espiritual da cura, o que estabelece a diferença entre um caso medicamente inexplicado e um milagre. O processo de Lourdes repousa, então, em certa concepção da colaboração entre a medicina e a Igreja, ligada em particular à história do santuário. Na segunda metade do século XIX, a ideologia positivista contesta fortemente o religioso e pretende que o progresso das ciências permitirá em breve à humanidade livrar-se da superstição e do obscurantismo, que as autoridades religiosas (a Igreja católica em primeiro lugar) são acusadas de explorar para seu proveito. Os milagres de Lourdes vão, então, constituir uma "máquina de guerra" destinada a humilhar uma medicina demasiadamente segura de si mesma, obrigando-a a reconhecer que certos fatos escapam de sua pretensão de tudo explicar. Para que as curas sejam muito solidamente estabelecidas e absolutamente inatacáveis, dobra-se aos próprios critérios do "inimigo" racionalista; seria preciso de verdade dar prova de má-fé para acusar a Igreja de ceder à ingenuidade, até mesmo de manipular os fiéis menos cultos. Há, então, entre a Igreja e a ciência médica, ao mesmo tempo, uma forma de combate e uma forma de diálogo. Hoje, as relações são mais serenas e mais francas. A evolução do mundo e de cada uma das instituições presentes torna caducos os enfrentamentos de outrora.

Embora o processo de reconhecimento das curas milagrosas não tenha sido modificado, a Igreja se interroga sobre o sentido que lhe convém dar em relação à missão geral de

Lourdes. É aliás significativo notar que a declaração de Dom Dagens, autenticando a cura de João Pedro Bély, não utiliza os termos "milagre" ou "milagroso" – e a omissão nada tem evidentemente de fortuito. O aspecto prodigioso passa ao segundo plano (o que é paradoxal, já que foi preciso tanto tempo para fixá-lo...); ao contrário, o contexto eclesial é sublinhado. "O acontecimento da cura do senhor Bély não deve, então, ser separado nem dos sacramentos recebidos no curso da peregrinação, nem da oração dirigida a Nossa Senhora de Lourdes. A cura do senhor Bély, mesmo se foi instantânea, não cai do céu: ela se insere no contexto da Igreja real que vive dos sacramentos do Cristo e que reza à Virgem Maria, a mãe de Jesus Cristo, o Salvador", afirma a declaração. No testemunho de João Pedro Bély, Dom Dagens realça particularmente a função libertadora da unção dos enfermos.

> Antes houve o gesto sacramental: "Por esta santa unção, que o Senhor, em sua grande bondade, vos conforte pela graça do Espírito Santo. Assim, tendo vos libertado de todo pecado, que ele vos salve e vos levante". E João Pedro Bély compreendeu, então, que a misericórdia de Deus o atingia no mais profundo de seu ser, para sempre. Este ato sacramental produzia nele como que uma libertação. [...] O sinal físico veio depois, com o convite misterioso: "Levanta-te e anda!" e efetivamente ei-lo de pé. Este sinal incontestavelmente transformou seu corpo. [...] Eis o acontecimento que reconhecemos hoje: o restabelecimento físico, inseparável desta libertação interior suscitada pelo gesto sacramental.[13]

(Recordemos sobre esse assunto que o santuário de Lourdes desempenhou um papel pioneiro na renovação da pastoral da unção dos doentes.) Os artigos da imprensa cristã dedicados ao reconhecimento da cura preferem muitas vezes acentuar a conversão e a renovação espiritual: de uma maneira significativa, o "chapéu" que cobre o diálogo com João

---

[13] Declaração de Dom Dagens em Notre-Dame d´Obezine (Angoulême), 11 de fevereiro de 1999, citada em *La Croix*, 8 de maio de 1999, p. 13.

Pedro Bély, publicado em *La Croix* (8-9 de maio, 1999), termina por: "Mas para João Pedro Bély, a cura mais importante é a de seu coração". De uma maneira geral, a cura física suscita hoje um mal--estar. É colocada em "concorrência" com uma cura dita espiritual ou se afirma que o "verdadeiro" milagre de Lourdes é a maneira com que os doentes e as pessoas deficientes aí são acolhidas, reconhecidas e honradas; um bom meio de assegurar que cada um aí receba alguma coisa, quando a cura física parece marcada com o duplo selo da raridade e do arbitrário. A lentidão do processo que visa atestá-la testemunha: é bem razoável multiplicar assim perícias e exames, inclusive psiquiátricos? O antigo doente parece dever justificar-se por ter sido curado e provar que não é nem um criador de fábulas, nem um exaltado. Para ele, é muitas vezes um período muito penoso: João Pedro Bély pensou várias vezes em parar tudo. Ainda mais, não é absurdo mobilizar os maiores especialistas em torno de uma pessoa que não está mais doente, e precisamente por essa razão que ela não está mais! Como diz o Padre Émilien Tardif (falecido em 1999):

> O importante para o doente é recuperar a saúde. As discussões proliferam para saber se sim ou não a cura é um milagre, como em Lourdes, por exemplo [...]. O doutor Mangiapan, do gabinete médico de Lourdes, pessoalmente me dizia que, às vezes, seus médicos passam anos estudando casos e quando, enfim, chegam a concluir que essa cura é milagrosa, a testemunha já morreu! Ele nos disse: "Vós outros, na Renovação Carismática, não passais muito tempo em estudar vossas curas". Eu lhe respondi: "Nós temos tantas curas na Renovação que se as submetêssemos aos médicos, eles não teriam mais tempo de se ocupar com seus pacientes".[14]

O que não falta de certo bom senso...

---

[14] *Dieu de joie, guéris nos frères! Huit grands témoins catholiques s'expliquent sur le charisme de guérison,* Chalet-Éd. De l'Emmanuel, 1994, p. 22-23.

As curas carismáticas:
"Sinais aos milhares, traço de tua glória..."

Vários grupos carismáticos (como a comunidade do Emanuel, o Caminho Novo ou as Bem-aventuranças) ou personalidades próximas da Renovação (Émilien Tardif, irmã Briege McKenna, Raymond Halter...) praticam a oração de intercessão para os doentes e obtêm, de fato, numerosas curas físicas. Se há pontos comuns com o que se passa em Lourdes, a perspectiva de conjunto é muito diferente. A maior parte do tempo, os responsáveis carismáticos são indiferentes à ideia de uma autenticação, em particular médica, das curas recebidas. De fato, não existe processo semelhante ao de Lourdes. O que há primeiro é o acolhimento e a admiração, a ação de graças diante da maneira com que Deus age hoje para com seus filhos.

> As pessoas nos visitam, oram conosco. Alguns nos falam ou nos escrevem: "Eis aí, eu testemunho que recebi tal graça de cura orando convosco". Pois bem, não temos que lhes dizer: "Voltai a ver-nos para ser autenticado!". Nós temos antes que ser confortados em nossa própria fé e a ver com estas pessoas, se elas quiserem, o que o Senhor quis lhes dizer dando-lhes esta graça de cura. Se, por sua própria iniciativa, elas querem testemunhar sua cura, fazê-la autenticar no plano médico, que o façam. Isso poderá acrescentar crédito a seu testemunho, mas não cabe a nós pedir-lhes isso (Philippe Madre, das Bem-aventuranças).[15]

Uma curiosa partilha semântica se manifesta: a palavra "milagre", muito carregada de implicações teológicas, é abandonada em Lourdes; para seu próprio uso, os carismáticos se apegam à "cura", termo incontestavelmente menos capcioso. Com efeito, o milagre tem um sentido preciso, ele indica uma ação extraordinária de Deus, além das leis da natureza (daí a ideia de verificação, de perícia); a cura é uma palavra corrente,

---

[15] *Dieu de joie, guéris nos frères!*, p. 80.

do "domínio público", que não implica tomar posição em relação a sua origem.

No ano passado, no Congresso carismático na Itália, tivemos mais de cem curas reconhecidas; não se chama isso de milagres, mas de curas, para não ferir os teólogos, isso os irrita e os cansa *[sic]* (Émilien Tardif).[16]

A palavra da pessoa curada tem mais importância que a dos médicos, pois ela testemunha sua própria experiência, sua história, o sentido que essa cura toma para ela. Cada um é livre de tomar posição em relação a esse acontecimento e de ver um apelo ou um sinal para sua vida. Nisso, os carismáticos estão próximos de um dos pontos que sublinhamos a respeito das novas reivindicações em relação à cura. Aquele que cura ou procura curar exige tomar a palavra ele mesmo e não quer mais se deixar "amordaçar" pelo veredicto de um perito. Do mesmo modo, o fato de que "isso caminha" sem que se possa explicar como se encontra com o pragmatismo contemporâneo: é o dom recebido que conta. Uma cura inexplicada de um ponto de vista científico só perturba um pouco os médicos! Inegavelmente, a maneira como os carismáticos praticam o dom de cura atribuído ao Espírito Santo combina bem com certo modismo. É preciso, contudo, notar, por contraste, que o individualismo tão típico da modernidade quase não é encorajado. Com efeito, mesmo quando o carisma de cura é exercido por uma só pessoa, ele toma sempre lugar num quadro eclesial. A comunidade que celebra os sacramentos (em particular a eucaristia) e que intercede por seus membros sofredores é um autêntico lugar de cura.

> Estes sinais não surgem para nós do maravilhoso espetacular, mesmo se é maravilhoso! É como passado em nossos costumes! É habitual que pessoas nos digam ter recebido tal graça de cura tendo orado conosco. Nós damos graças: é alguma coisa corrente, habitual na vida cristã normal. O próprio fato da comunidade cristã é muito terapêutico. Dito de outro modo, há

---
[16] *Ibid.*, p. 23.

> uma graça de cura evidente e normal – é a mais pura tradição da Igreja – que repousa em toda verdadeira comunidade cristã, na medida em que ela persevera na fidelidade ao Cristo e à Igreja (Philippe Madre).[17]

Pois é o próprio Cristo que age em sua Igreja. A primeira edição de *Dieu de joie, guéris nos frères!*[18] se chamava *La Joie de guérir nos frères*:[19] o título foi modificado para evitar toda ambiguidade em relação ao autor da cura. Deus opera curas ainda hoje, porque ele se torna presente em seus filhos, em particular pela mediação sacramental.

> Eu não creio que o carisma de cura seja tão extraordinário como tem a aparência, pois nós somos todos chamados ao amor, e o amor cura. [...] quando o Evangelho é pregado, ele tem efeitos concretos e visíveis (irmã Briege McKenna).[20]

Mas é evidente que a oração de intercessão pelos doentes pode dar lugar a desvios graves e a manipulações psicológicas, voluntárias ou não; ora, os doentes são particularmente vulneráveis. Algumas correntes protestantes de tipo pentecostal são igualmente perigosas, pois, embora próximas no espírito dos carismáticos católicos, não têm as "balaustradas",[21] que são, por exemplo, o magistério, a estruturação hierárquica ou sacramental, a liturgia. As seitas propõem igualmente operar curas corporais e é às vezes o caso, mas em detrimento do bem-estar global, do equilíbrio e da liberdade das pessoas concernidas. Pareceu, então, necessário à Congregação para a doutrina da fé publicar, em 2000, uma "Instrução sobre as orações para obter de Deus a cura". Nela se encontra, em particular, a respeito dos encontros de oração: "Além disso, é necessário que, durante seu desenvolvimento, não se venha, sobretudo da parte dos que as dirigem, a formas semelhantes à histeria, à artificialidade, à

---

[17] *Dieu de joie, guéris nos frères!*, p. 77.
[18] N.T.: Deus de alegria, cura nossos irmãos!
[19] N.T.: A Alegria de curar nossos irmãos.
[20] *Ibid.*, p. 68-69.
[21] N.T.: em francês "guarda-loucos".

teatralidade ou ao sensacionalismo (art. 5, 3). Os que conduzem as celebrações de cura, litúrgicas ou não litúrgicas, devem tentar manter na assembleia uma atmosfera de devoção serena e devem guardar a prudência necessária se curas sobrevierem entre os assistentes; eles poderão recolher com cuidado e simplicidade, no fim da celebração, os eventuais testemunhos e submeter o fato à autoridade eclesiástica competente (art. 9).

Cura, conversão e contaminação: a história de Naamã

À guisa de conclusão, paremos alguns instantes em um dos raros relatos de cura do Antigo Testamento, que Jesus mesmo cita como exemplo (Lc 4,27), a de Naamã, um general sírio leproso. Naamã é um estrangeiro, um homem que vai ser curado fora de suas fronteiras, até entrar numa outra tradição, a do povo de Israel. Essa cura é a obra de um profeta, Eliseu. É também uma cura que faz a experiência da necessária mediação social e da conversão mais necessária ainda. Tão necessária aliás que um dos protagonistas, fechado numa lógica de exclusão, vai conhecer uma sorte tremenda. Neste sentido, trata-se de uma cura "perigosa". De fato, um leitor (falsamente) ingênuo poderia admirar-se de que este episódio, relatado no capítulo 5 do segundo livro dos Reis, seja considerado como um relato de cura. Situação inicial: um homem é leproso; situação final: um homem é leproso. É verdade que este não é mais o mesmo: no início do texto, o leproso se chama Naamã, no fim ele se chama Giezi (o servo de Eliseu). Nada impede que a cura do primeiro cause, por razões que será preciso esclarecer, a contaminação do segundo.

Um dos traços mais impressionantes deste episódio é a importância atribuída à mediação. Quantas pessoas vão contribuir para a cura de Naamã! Com efeito, é preciso para isso pôr em relação Naamã e o profeta Eliseu, que não pertencem à mesma esfera geográfica e cultural. Estão implicados sucessivamente:

os Arameus ladrões, a pequena escrava israelita, a mulher de Naamã (v. 2). Entram em seguida em cena o rei de Aram e o rei de Israel (v. 5-6), enquanto que Naamã empreende a viagem de Aram para Israel. Contudo, como Eliseu não se digna de sair de sua casa, é um mensageiro que vem trazer suas instruções. Última peripécia: os servos de Naamã o convencem a se submeter. Cada uma dessas mediações tem sua utilidade própria; contudo, algumas são mais eficazes que outras. E como muitas vezes na Bíblia, os pequenos e os humildes desempenham um papel essencial para que se realize a ação divina. São os pobres que mostram o caminho para a cura. Contudo, Naamã é um homem importante, um amigo do rei. Ora, se ele obtém a cura, não é por esse motivo, mas completamente ao contrário, porque ele aceita escutar os que ocupam uma posição inferior a sua. Assim, no início do episódio, é graças a uma pequena escrava de absolutamente nada que a informação essencial chega aos ouvidos do interessado. E no momento em que Naamã, exasperado, vai mudar de resolução, são seus servos que o fazem ouvir uma palavra sábia e persuasiva.

Com efeito, Naamã esteve a ponto de recuar. Por que isso? Eliseu lhe pediu para fazer um ato complicado, doloroso ou custoso? É exatamente o contrário e os servos o compreenderam muito bem: se o profeta tivesse prescrito alguma coisa difícil, Naamã a teria feito (v. 13). O que é difícil para Naamã é admitir que tudo não passe como ele tinha imaginado: "Eu pensava comigo..." (v. 11). É inevitável que Naamã tenha construído para si uma exibição de sua futura cura: nós o vimos, toda cura procede de uma visão do mundo. Por que ele teria ido a Eliseu, se não tivesse tido a convicção de que era necessário, já que o profeta devia "invocar o nome do Senhor seu Deus e agitar a mão sobre o lugar afetado" (v. 11)? Mas tal cura é uma cura imaginária, ora Naamã, que está realmente enfermo, tem necessidade de uma cura real. Ele precisa então aceitar abandonar "sua" ideia de cura para receber uma cura surpreendente, mas eficaz. A modéstia do gesto que lhe é pedido é precisamente a pedra de toque de sua capacidade de entrar numa outra lógica. Trata-se de um deslocamento mais exigente, isto é, de fato mais custoso do que o deslocamento físico da viagem. Trata-se de uma verdadeira conversão. Pelo conselho de seus servos, Naamã se conforma enfim às ordens de Eliseu e ele é curado. No cuidado, em si muito louvável, de manifestar seu reconhecimento, ele suplica a Eliseu que aceite um presente. Contudo, a experiência que ele acaba de fazer de uma cura que nada compra deve ir até o fim. É ao nome de Deus, este Deus em que Naamã acaba de pôr sua fé, que Eliseu recusa o presente. Já que é Deus quem age, por que seu servo receberia o benefício? O profeta é o porta-voz de Deus, ele não age por si mesmo, não tem outro poder a não ser o que recebeu do alto. Mais que de desinteresse, trata-se então de atribuir a Deus o que lhe é devido. A reação de Naamã é surpreendente e mostra a que ponto ele entrou completamente nesta lógica de troca gratuita. Já que tu não queres meus presentes, diz ele em resumo a Eliseu, sou eu que te peço ainda um presente, a saber da terra de Israel. Antes de sua cura, Naamã não via nenhuma diferença entre os rios de Damasco e o Jordão (v. 12). Agora, faz uma diferença entre a terra de Israel e a de seu país que precisa de algo para carregar dois burros, para transplantar de certo modo um pequeno pedaço de Israel para seu país. Naamã voltará a seu país, mas sem deixar Israel. Acrescentemos que exigir um presente de um pouco de terra é tomar parte na promessa e nos dons de Deus, pois o povo de Israel recebeu sua terra de Deus, no quadro da Aliança (ver a palavra dirigida a Abraão, Gn 12,67). Por sua profissão de fé no Deus único (v. 15), Naamã é de certo modo incorporado ao povo da Aliança, como por um novo nascimento. É um acaso se o texto anotou que "sua carne tornou-se como a carne de uma criança" (v. 14)?

Tudo isso escapa completamente a Giezi, o servo de Eliseu. Para ele, Naamã é sempre um estrangeiro e não há então nenhuma razão de não procurar tirar vantagem material: "Meu senhor usou de consideração para com este Arameu, não aceitando dele o que tinha oferecido. Tão certo como Javé vive, eu corro atrás dele e obterei alguma coisa" (v. 20). Não se trata antes de tudo de cobiça ou de indelicadeza. Giezi recusa aceitar que um sírio tenha recebido um benefício gratuito do Deus de Israel. O estrangeiro se converteu, mas Giezi continua estrangeiro a essa conversão. Ele continua a partilhar a opinião comum, tingida de xenofobia, a respeito deste general vindo de longe. Ele se posiciona como proprietário dos dons de Deus, habilitado a julgar quem é digno de recebê-los e em que condições. Tendo alcançado Naamã e obtido dele, sob falso pretexto, o presente cobiçado, Giezi faz a suas custas a experiência dos poderes de seu senhor: "Agora tu recebeste o dinheiro [...]. Mas a lepra de Naamã se apegará a ti e à tua posteridade para sempre" (v. 26-27). Justo castigo de um servo ávido e manipulador? Sem dúvida, mas sobretudo consequência lógica da maneira com que Giezi considerou Naamã. Não vendo nele senão um rico estrangeiro, sem ter em conta a mudança de estatuto e até de identidade que lhe valeu sua profissão de fé, Giezi se dirige de fato ao Naamã de antes de sua cura. Ora, este homem era leproso e a lepra é uma doença contagiosa...

5 - O corpo do crucificado, fonte da salvação

"EM SUAS FERIDAS, NÓS ENCONTRAMOS A CURA" (IS 53,5)

Só o corpo cura o corpo: é o corpo partido do Cristo na Cruz que é fonte de cura para todos os corpos doentes ou deficientes que ele acolheu e levantou durante sua vida terrestre. A salvação vem do corpo traído, do corpo vendido, do corpo subjugado, do corpo humilhado, do corpo flagelado, do corpo crucificado, do corpo transpassado, do corpo sepultado. E esse corpo é semelhante ao nosso, esse corpo é aquele pelo qual Deus se tornou semelhante a nós, o caminho que o Criador quis tomar emprestado para se unir à criatura modelada por suas mãos e acabar assim a obra da criação. Para estabelecer que a mediação do Cristo é superior aos sacrifícios da antiga lei, a epístola aos Hebreus se exprime assim: "É por isso que, entrando no mundo, o Cristo disse: 'Tu não quiseste nem sacrifício, nem oblação, mas tu me formaste um corpo. Holocaustos e sacrifícios pelo pecado não foram de teu agrado. Por isso eu digo: eis-me aqui, no rolo do livro está escrito a meu respeito – eu vim, ó Deus, para fazer tua vontade' [...] E é em virtude dessa vontade que somos santificados pela oblação do corpo de Jesus Cristo, de uma vez por todas (Hb 10,5-7.10). O corpo próprio do Cristo é então designado como o lugar onde se cumpre verdadeiramente a vontade de Deus, a santificação do povo da Nova Aliança pelo único sacrifício da Cruz ("Pois por uma única oblação tornou perfeitos para sempre os que santifica" (Hb 10,14). É a Escritura, instância mediadora, que permite decifrar este mistério quando é lida agora, na convicção, expressa por Jesus, quando de sua visita à sinagoga de Nazaré (Lc 4,16-30), que *é de mim que se trata no rolo do livro*.

O Cristo médico e o Cristo doente, as duas faces de um mesmo mistério

Uma longa tradição cristã chama o Cristo de "médico das almas e dos corpos", o que justifica que os fiéis lhe dirijam pedidos de cura. O Cristo é médico porque conhece de dentro, por ter ele mesmo partilhado a enfermidade da natureza humana. Encarnando-se, o Filho assume um corpo mortal, um corpo voltado à morte e, nisso, ele é plenamente solidário com os filhos de Adão. Ora, sua morte é a morte da Cruz: o Cristo sucumbe ele mesmo, ao passo que ele permitiu tantos restabelecimentos. A figura do Cristo doente, doente do mal que fazem os homens, junta-se então à figura do Cristo médico para revelar que a Cruz é a fonte de toda cura.

As numerosas curas que o Cristo operou justificam o desdobramento da figura do Cristo médico. Quando a humanidade é abatida por males de todos os tipos, o senhor "manso e humilde de coração", cujo "jugo é suave e o fardo é leve" (Mt 11,29-30), vem aliviar sua miséria e restaurá-la em sua dignidade primeira, conforme o projeto de Deus. A reputação de Jesus como taumaturgo é bem atestada pelos pedidos que lhe são dirigidos. Vem-se suplicar-lhe por uma criança, um irmão ou um servo doente; leprosos, paralíticos e cegos se apertam em seu caminho. É um ponto que até os adversários de Jesus não contestam; ao contrário, é censurado por agir no dia de sábado ou é interrogado sobre a origem e o sentido dessas curas. Interrogação sincera em certos casos, mas se trata às vezes de má-fé caracterizada, como testemunha o sofisma, "é por Beelzebu, o príncipe dos demônios, que ele expulsa os demônios" (Lc 11,15), que Jesus não tem nenhum trabalho de refutar, colocando-se simplesmente no terreno da lógica.

Por duas vezes nos evangelhos, o Cristo aplica a si mesmo, de maneira implícita, a qualificação de "médico". A primeira vez, ele formula em alta voz o julgamento tingido de ceticismo, até mesmo de zombaria, que ele experimenta da

5 - O corpo do crucificado, fonte da salvação

parte de seus compatriotas de Nazaré, desde o início de sua vida pública: "Certamente ireis me citar o provérbio: Médico, cura-te a ti mesmo. Tudo o que ouvimos dizer que fizeste em Cafarnaum faze-o aqui em tua pátria" (Lc 4,23). A apóstrofe apresenta uma semelhança notável com a zombaria dos notáveis ao pé da cruz: "Ele salvou a outros e não pode se salvar a si mesmo!" (Mt 27,42). É, então, o mesmo argumento que é oposto a Jesus nestes dois momentos-chaves em que sua missão se revela e se cumpre, mas de uma maneira de tal modo diferente do que se esperava do Messias que as testemunhas da cena são incapazes de decifrá-lo. À primeira vista, é preciso reconhecer bem que seu raciocínio não carece de bom senso e que ele poderia proceder de um espírito sadiamente crítico diante das pretensões extravagantes de um iluminado, como já se viram tantos. Já que Jesus, na sinagoga de Nazaré, afirma, depois de ter feito a leitura de Isaías, que "hoje se cumpre a vossos ouvidos esta passagem da Escritura" (Lc 4,21), esperam-se atos correspondentes. E que dizer do desprezível *rei de Israel* (Mt 27,42) que agoniza na madeira!

A segunda ocorrência do termo "médico" é uma comparação pela qual Jesus justifica, em consequência das críticas dos fariseus, a acolhida benevolente que ele faz aos publicanos e aos pecadores: "Não são as pessoas de boa saúde que necessitam de médico, mas as doentes; eu não vim chamar os justos, mas os pecadores, ao arrependimento" (Lc 5,31). Jesus afirma, então, de certa forma, que ele veio "curar os pecadores". Sua missão desenvolve-se numa perspectiva benevolente (curar, isto é, dar a vida) e se ela comporta convivências pouco honrosas, não é negligência ou condescendência, mas necessidade, como o médico cujo ofício consiste em examinar feridas "não belas ao olhar". Mas só faz apelo ao médico quem se sabe doente: do mesmo modo, só quem se reconhece pecador pode acolher o Cristo e receber dele a salvação. Ora, os fariseus a quem Jesus se dirige se julgam justos, mais justos em todo caso que os pecadores e os publicanos. Eles correm o risco de se excluir a si mesmos do chamado ao arrependimento que, se ouvido, alegra os anjos do céu mais que "por noventa e nove justos, que não têm necessidade de arrependimento" (Lc 15,7). Ainda mais, eles assimilam os pecadores a sua situação pecaminosa, eles os imobilizam em seu estado atual de "maus". Jesus, ao contrário, chama-os ao arrependimento e confia profundamente em sua capacidade de mudar. Tudo se passa como se ele visse neles não malditos, condenados, mas futuros convertidos, futuros justos.

O Servo sofredor, vítima e vencedor do pecado

Nós temos espontaneamente tendência a opor o doente e o médico: aquele que tem necessidade de cura e aquele que a procura, aquele que o sofrimento enfraquece e aquele que tem o poder de aliviá-lo. Contudo, em Cristo, as duas figuras juntam-se misteriosamente. Com efeito, a Cruz é o cume da ação terapêutica do Cristo. Para compreender isso, é preciso, como o faz a liturgia na Sexta-feira Santa, ler o "quarto canto do Servo", tirado do livro de Isaías: "Ora, são nossos sofrimentos que ele levava sobre si e nossas dores que ele carregava. E nós o tínhamos como punido, ferido por Deus e humilhado. Mas ele foi trespassado por causa de nossos crimes, esmagado por causa de nossas faltas. O castigo que nos traz a paz caiu sobre ele e em suas feridas nós fomos curados" (Is 53,4-5). Texto célebre e de uma densidade que impressiona, oposta à mitigação de costume; texto limite, que tenta exprimir um mistério quase insondável e, portanto, decisivo; revelação, fulgurante como o raio na treva esmagadora de um céu de fim do mundo ("A partir da sexta hora, a escuridão se fez sobre toda a terra até a nona hora", Mt 27,45), de uma sorte de lei estrutural da salvação. Na fraqueza da linguagem humana, o texto diz uma fraqueza bem mais radical: a da aniquilação, da maneira com que Deus, em seu Filho amado, quis unir-se ao homem em todas as profundezas de seu endurecimento. "Mas ele esvaziou-se de si mesmo, assumiu a condição de servo. Tornando-se semelhante aos homens e reconhecido em figura de homem ele se humilhou, tornando-se obediente até a morte, e morte de cruz" (Fp 2,7-8).

Sim, é a justo título que "nações numerosas ficarão estupefactas à vista dele, reis permanecerão silenciosos diante dele" (Is 52,15). Como vimos a respeito das curas em dia de sábado, todas as curas que Cristo opera têm sua fonte neste grande sábado que é o sábado santo, o repouso que goza no túmulo aquele que realizou a obra do Pai. Só o mistério pascal permite compreender porque as curas podem ser explicitamente postas em relação com essa passagem de Isaías. "Ao entardecer, trouxeram-lhe muitos endemoninhados e ele, com uma palavra, expulsou os espíritos e curou todos os que estavam enfermos, a fim de se cumprir o que foi dito pelo profeta Isaías: 'Levou nossas enfermidades e carregou nossas doenças'" (Mt 8,16-17). Jesus não cura como um taumaturgo ordinário; para ele também, curar é custoso, é um compromisso total e sem reserva ao lado do homem pecador, no combate contra o mal e o pecado. Não se trata aqui de uma sorte de crença mágica, segundo a qual a doença ou a possessão demoníaca não poderiam ser curadas senão se alguém tomasse sobre si o poder mórbido para lhe oferecer um novo asilo, de modo que a maldição não cesse de circular e que ela se exerça simplesmente às custas de um outro – visão pessimista da sujeição do homem que repudia no fundo toda ideia de cura autêntica. Ora, ao contrário, o texto de Mateus realça o poder salvífico do Cristo: autoridade sobre os espíritos, que uma palavra basta para expulsá-los; ampliação das curas operadas, tendo como resultado este lance maior da missão do Messias, o cumprimento da Escritura. Em Marcos, é a purificação de um leproso que revela o mesmo mistério. Com efeito, depois da cura, "Jesus não podia mais entrar abertamente numa cidade, mas permanecia fora, em lugares desertos" (Mc 1,45); ora, é justamente a condição do leproso que, por medo de contágio, deve viver separado. Jesus, então, "tomou sobre si" a lepra desse homem para livrá-lo dela.

A salvação não pode passar senão por um gigantesco combate contra as forças do mal. E o primeiro asilo do mal no mundo é o coração do homem. É por isso que a figura do Cristo doente, do Cristo que carrega nossas doenças e nossas enfermidades, não faz referência ao arbitrário da natureza e do acaso que poupa um e fere outro em sua saúde. O Cristo doente é o homem das dores, este corpo ferido pela violência e pela recusa dos homens de acolher a salvação, este corpo que se quer (e que se vai) eliminar. "Multidões ficaram pasmadas à vista dele, pois ele não tinha mais figura humana e sua aparência não era mais a de um homem" (Is 52,14): por uma ambiguidade perturbadora e altamente significativa, a profecia de Isaías poderia evocar ao mesmo tempo a Transfiguração e a Paixão, o rosto do Filho bem-amado irradiando a glória do Pai ou a face desfigurada do suplício da Sexta-feira Santa. De fato, no evangelho de João, o mistério da Cruz é uma glorificação, pois é a revelação suprema da obediência perfeita do Cristo ao desígnio de amor de Deus, e Deus responde ratificando totalmente esta oferta filial: "Eu te glorifiquei na terra, levando a bom termo a obra que me deste para fazer. E agora, Pai, glorifica-me junto de ti com a glória que eu tinha junto de ti antes que o mundo existisse" (Jo 17,4-5). Mas essa glorificação não é nem um véu pudico, nem um patético tapa-miséria lançado sobre os sofrimentos da Paixão para aliviar o horror e o escândalo das almas sensíveis.

Num episódio que lhe é próprio, João mostra Pilatos apresentando Jesus à multidão coroado de espinhos e trajando um manto vermelho de zombaria, com estas palavras célebres: "Eis o homem!" (Jo 19,5). Aquele que *não tem mais figura humana*, é justamente a figura do homem: o homem tornado carrasco que desfigura, por violência e inveja, o homem de quem ele faz sua vítima, sem compreender que ele se desfigura a si mesmo; o homem criado à imagem e semelhança de Deus que repudia este dom sagrado – o esplendor da obra criadora, depositada em seu coração como o segredo supremo de sua identidade – para tomar a máscara do mal.

5 - O corpo do crucificado, fonte da salvação

A fealdade e mesmo o horror em estado bruto: no quadro de Jerônimo Bosch, o *Carregamento da cruz*, conservado no museu de Gand, dá lugar a uma impressionante visão de pesadelo, em que uma humanidade grotesca, matilha uivadora escondida nas trevas, exibe toda a gama dos esgares odiosos e das carrancas monstruosas, desfiguradas pelo ódio e pela alegria perversa. Não restam senão dois rostos verdadeiramente humanos, o de um homem e o de uma mulher – o outro casal das origens, a quem é confiado o parto doloroso da nova criação: a face adorável do condenado e o puro perfil de Verônica. Ele e ela fecham os olhos, como para recusar, por misericórdia, serem as testemunhas e os juízes do homem em perdição; uma lágrima, diáfana como uma pérola, escorre da pupila direita do Cristo. Mas a divina semelhança, recolhida no véu da santa mulher, abre os olhos para o espectador: eis o homem, eis a única imagem verdadeira do humano.

A marca dos cravos no corpo do Vivente, memória de um "rude combate"

Quando o Cristo é levantado pelo Pai de entre os mortos, não é um triunfo no sentido humano do termo, que se oporia à ignomínia da Paixão e a deixaria na sombra como uma má lembrança. O Ressuscitado não cessa de ser o Crucificado, pois a carne que não conheceu a corrupção, como o afirma Pedro no dia de Pentecostes (At 2,31), é bem a mesma carne que conheceu o sofrimento e a angústia. Sinal de continuidade "histórica" na travessia da morte, então de identidade: quando Tomé exige, para crer que Jesus está vivo, ver a marca dos cravos e pôr sua mão no lado de seu senhor (Jo 20,25), a crueza de seu pedido testemunha realismo e certo bom senso. É efetivamente indispensável que Jesus seja sempre Jesus, se se pode dizer, e aí anda, é o corpo que dá a certeza. Aliás, o interessado não se melindra (contrariamente a certos cristãos) com as condições que põe seu discípulo para se deixar convencer; parece mesmo ver aí um caminho de fé: "Põe teu dedo aqui: e vê minhas mãos; estende tua mão e põe-na em meu lado e não sejas incrédulo, mas crente" (Jo 20,27). Sem dúvida é melhor "crer sem ter visto" (v. 29), mas com condição de "crer justamente".

Ora, certa maneira de considerar a Ressurreição faz dela a realização imaginária de nossos fantasmas de onipotência. A Paixão seria uma humilhação e a Ressurreição uma desforra bem merecida: para terminar, é a vida que ganhou contra a morte, como se a vida consistisse em eliminar a morte. É a mesma tentação que fazer da cura a volta ao antes da doença, a restauração total da saúde, de sorte que seja possível esquecer uma fraqueza provisória do corpo. Nesse sentido, o corpo do Ressuscitado não é um corpo curado, um corpo sadio ou "restaurado", é ao contrário um corpo ferido, um corpo imperfeito, um corpo que traz cicatrizes. Contudo, é um corpo glorioso, mas sua glória consiste em assumir a memória do sofrimento até na eternidade (o Cordeiro de pé sobre o trono *como imolado*, Ap 5,6): é um corpo memorial. Tomé não está completamente errado em não aceitar senão um "corpo a corpo" com o Cristo ressuscitado – seus dedos nas chagas dele, sua mão no lado dele. Cabe a Tomé ensinar-nos hoje como se deixar tocar sem tocar a si mesmo...

O corpo memorial de uma experiência que feriu é ainda o do patriarca Jacó, cuja claudicação é o fruto de uma luta com um misterioso adversário na torrente de Jaboc. Se, como sugere o texto, sem dizê-lo explicitamente, esse adversário é Deus, então é o Deus que fere, bem longe de curar, como na criação para tirar a mulher da carne do homem. Um sono anormal caiu sobre Adão; Jacó luta na obscuridade de uma longa noite "até surgir a aurora" (Gn 32,25). Ele é ferido, com um gesto violento e deliberado que desloca a articulação de seu quadril; é também um golpe que visa os órgãos genitais, como sugere a expressão literal *o interior da coxa*. Mudança do corpo, mudança do nome: Jacó se torna Israel e doravante ele claudica. Sua nova identidade é uma identidade ferida e, para este fugitivo que é muitas vezes o muito astuto Jacó, a claudicação não representa uma dificuldade banal. É um acaso se a reconciliação com Esaú, o irmão rival, acontece no dia seguinte à noite em Jaboc, como se fosse o resultado dessa vulnerabilidade nova e assumida? "Com efeito, afrontei tua presença como se afronta a de Deus e tu me recebeste bem" (Gn 33,10), afirma Jacó, e não se pode deixar de pensar que ele sabe verdadeiramente do que fala! A cocha é deslocada, mas a relação com o irmão é restabelecida: sabedoria e linguagem do corpo. Aí ainda, o corpo é revelador: a claudicação é o traço concreto, visível e constatável por todos, de uma experiência enigmática e em todo caso de causa solitária. Em suma, o texto pulula de paradoxos: Jacó é ferido quando foi "forte contra Deus e contra os homens" (Gn 32,29); ele exige uma bênção de seu adversário, o que é estranho e a obtém, se se ousa dizer, além do golpe na coxa; ao contrário, ele não obtém o nome de seu adversário, e é este último que muda seu nome de Jacó para Israel. Nome de um homem que se torna o nome de um povo, precisamente quando Jacó foi ameaçado em sua virilidade – herdeiro da promessa de fecundidade que seu ancestral Abraão recebeu de Deus, experimenta como ele, mas de uma maneira diferente, que a vida gerada pelo corpo do homem vem de mais longe que o homem. Reciprocamente, o povo que terá o nome de Israel guarda a memória desse episódio misterioso honrando a ferida do corpo do patriarca por um tabu alimentar (sempre um uso entre os judeus praticantes) ligado ao nervo ciático (Gn 32,33): não se come, mesmo dos animais, o que Deus feriu. A posteridade do texto é igual à posteridade de Jacó. A tradição judaica relerá esse episódio de várias maneiras e dois textos bíblicos dão o exemplo de uma interpretação positiva ou ao contrário negativa da atitude de Jacó. No livro de Oseias, é um rebelde e um violento, o digno ancestral de um povo idólatra e perverso (Os 12,4-5); no livro da Sabedoria, o combate noturno simboliza a resistência da piedade do justo, que recebe a vitória "num rude combate" (Sb 10,12).

QUINTA-FEIRA SANTA: A SALVAÇÃO PELA BOCA, A SALVAÇÃO PELOS PÉS

Seu corpo para comer, para nutrir seu Corpo

Tomai e comei dele todos, isto é meu corpo entregue por vós: o mistério da salvação cristã tem em algumas palavras, aliás muito simples e muito cotidianas, o sinal modesto e banal do pão. A eucaristia é ação de graças e opera a salvação, porque põe corpos em relação: o próprio corpo do fiel e o corpo eclesial *(comei todos dele)*, que recebem a salvação; o próprio corpo do Cristo, entregue na Cruz, fonte da salvação. Todos esses corpos são presenças reais. O fiel é convocado enquanto membro do corpo eclesial e o que lhe é pedido, comer, é a atividade mais corporal que existe, pois ela faz entrar no corpo o que vai tornar-se uma parte dele, para que ele viva. A Igreja é visivelmente constituída como Corpo por aquele que é a Cabeça no momento mesmo em que ela se reúne para a "Ceia do Senhor". E o Cristo se designa como o corpo entregue, isto é, o Crucificado, aquele que deixa a morte tomar posse de seu corpo. O corpo eucarístico é colhido na árvore da Cruz, onde o novo Adão restaura a criação por sua obediência. *Tomai e comei*: o que era o objeto de uma proibição e do primeiro limite posto por Deus ao homem (não comer do fruto de uma árvore [Gn 2,17]), o que deu oportunidade para a tentação depois ao pecado original, é que se tornou um imperativo, um convite à vida.

Porque o Cristo nos curou na Cruz, a eucaristia é por excelência o sacramento da cura dos corpos. "Senhor, eu não sou digno de te receber, mas dize uma só palavra e eu serei curado." Essa frase é tomada de um episódio evangélico, a cura de um corpo, o do servo do centurião (Lc 7,1-10). Este caráter corporal tinha desaparecido na versão anteconciliar, que dizia *et sanabitur anima mea*, "e minha alma será curada", e é bom que a versão moderna volte a uma maior fidelidade ao texto original. Repetir as palavras de um homem, cuja fé Jesus deu como exemplo, embora fosse pagão ("nem mesmo em Israel encontrei tal fé", Lc 7,9), poderia soar como um discreto chamamento, para o corpo eclesial, da necessidade de não se fechar sobre si mesmo, mas de se abrir a "corpos estranhos". Que a eucaristia, "fonte e cume de toda a vida cristã" *(Lumen gentium,* 11), seja um lugar alto de cura, inclusive corporal, a liturgia não o ignora: "Faz-nos encontrar nesta cura, Senhor, um socorro para a alma e para o corpo, a fim de que gozemos a alegria de sermos totalmente salvos por esse sacramento; que a graça dessa comunhão, Senhor, apodere-se de nossas almas e de nossos corpos" (liturgia eucarística). A oração após a comunhão da missa pelos doentes realça que a cura vem da "comunhão" dos corpos, o corpo do fiel, o corpo eucarístico e o corpo eclesial: "Deus que cuidais de nós, dando-nos o pão que faz viver, dignai-vos cuidar de nossos doentes: que esta eucaristia suscite entre nós irmãos que os cerquem com vossa ternura e os ajudem a se curar sustentando sua paciência".

Lavar os pés, levantar o homem

Os pregadores que comentam a cena do lava-pés (Jo 13,1-20), na Quinta-feira Santa, raramente recordam aquilo de que se trata em primeiro lugar: o cuidado, muito concreto, de uma parte do corpo. E João insiste nos gestos e nos utensílios que são necessários para esta operação: a toalha, a água, a bacia; o fato de se levantar da mesa, de lavar, de enxugar depois de voltar à mesa. Ora, essa parte do corpo é a mais "baixa" primeiramente no sentido material do termo, daí muitas vezes, por acréscimo, uma conotação de "baixeza" moral, de desprezo, de modo que lavar os pés de alguém pode ser considerado como uma tarefa humilhante. Contudo, os pés são também nossa ligação com a terra de onde fomos tirados: recordação de nossa condição humana, que é a condição da criatura. Preocupar-se com os pés é então tomar a sério a necessidade, para o homem, de uma justa relação com sua origem e com sua natureza profunda; pois é indispensável que o homem tenha "os pés na terra..." e é precisamente neste caso que os pés têm necessidade de ser lavados! Sabe-se que lavar os pés ocupa em João o lugar da instituição da eucaristia; ora, esses dois episódios têm em comum tomar fortemente em conta o corpo para significar a chegada da salvação. Nos dois casos, o lance essencial é de ser unido ao Cristo: "Isto é meu corpo, dado por vós" (Lc 22,19); "Se não te lavo, tu não terás parte comigo" (Jo 13,8), diz Jesus a Pedro recalcitrante. É tradicional associar o gesto do lava-pés ao serviço fraterno e à caridade ativa e concreta. Contudo, o texto não utiliza senão uma vez a palavra "servo", a título de comparação, para convidar os discípulos a imitar Jesus ("O servo não é maior que seu senhor", Jo 13,16). Se o texto fala de um serviço não é primeiramente o nosso, é aquele que Jesus presta a seus irmãos. Antes de lavar os pés do próximo, é preciso aceitar que seja o Cristo que nos lava os pés: o que não é evidente, como o mostra a viva reação de Pedro. E o serviço que Cristo executa é o mesmo na instituição da eucaristia: o dom de sua própria vida, ao qual pode fazer alusão igualmente o fato de Jesus "depor suas vestes" (Jo 13,4), depois retomá-las, como uma imagem de sua morte e de sua ressurreição. Até o fim, o Cristo insiste no gesto concreto que acaba de fazer: "se então eu vos lavei os pés, eu o Senhor e o Mestre, vós também deveis lavar os pés uns aos outros" (Jo 13,14). E a citação que toma do salmo 41 faz ainda alusão ao pé, associando-o justamente à refeição: *aquele que come meu pão levantou contra mim seu calcanhar;* pois o pé, não mais que outra parte do corpo, não é isento de ambiguidade. Ele evoca aqui a imagem da violência e a dominação hostil: é bem o drama da Paixão em perfil. Pôr o homem de pé em seus dois pés, este é o fruto da salvação que o Cristo vem oferecer ao homem, afrontando todas as formas de dominação em que quem está de pé esmaga, calca com os pés o menor, o mais fraco.

5 - O corpo do crucificado, fonte da salvação

De pé sobre seus dois pés, não é a condição do homem em plena saúde? Só aquele que se chama justamente "saudável" se mantém de pé e ereto: o doente está deitado, acantonado em seu leito (espaço da passividade e do sono); o deficiente está assentado em sua cadeira, numa relação dominante-dominado com os válidos; o ancião está curvado sobre sua bengala, o rosto voltado para a terra. Quanto a esses doentes do corpo social que são os sem domicílio fixo, eles estão muitas vezes sentados no passeio onde todo mundo passa: aí ainda, uma forma concreta de inferioridade, considerada de tal modo característica de seu estado que o decreto antimendicidade tomado pelo prefeito de Rouen no verão de 2000 visava precisamente *a mendicidade sentada ou estendida na via pública*. A verticalidade vai com a vida e a dignidade. Há, malgrado a vontade de ironia, uma verdade profunda na réplica que a senhora Jourdain dirige à questão delicada de Dorante: "Como está a Senhorita vossa filha? – Ela está bem sobre suas duas pernas" (Molière, *Le Bourgois gentilhomme,* ato III, cena VI). O doente é aquele que não mais está bem, como se seu próprio corpo se lhe tornasse um peso, uma carga, antes mesmo que a doença não seja uma "doença grave" (isto é, etimologicamente, pesada), exigindo um "tratamento pesado". Mais precisamente, a defecção das duas pernas tem justamente uma dupla consequência. Sua função é antes de tudo a locomoção, então a possibilidade de se dedicar a suas ocupações de ser autônomo: o doente está "pregado no leito". Contudo as pernas são igualmente como as colunas que, tomando apoio na terra, permitem ao corpo levantar-se: submetido à horizontalidade, o doente é também abaixado, colocado literalmente sob, abaixo do olhar dos saudáveis, dos "que estão no alto", dos que tomam a vida pelo alto. Se alguém "cai doente", é porque há aí como que uma perda de equilíbrio, uma queda. E quando o processo patológico volta, depois de uma calma passageira, fala-se precisamente de "recaída". O doente é lançado abaixo de sua boa saúde, de certa relação mais ou menos harmoniosa com seu corpo. A cura, justamente, "repõe de pé" aquele que "levanta da doença". Ora, sabe-se que a imagem de se levantar, de ser recolocado de pé, de se erguer é um dos meios (com a imagem do despertar) de exprimir a ressurreição, de modo que, por exemplo, a cura da sogra de Pedro pode ser lida como uma promessa de ressurreição feita ao discípulo do Cristo ou mesmo à Igreja personificada: "A sogra de Simão estava com febre alta e pediram-lhe por ela. Inclinando-se sobre ela, ele ameaçou a febre e ela a deixou; imediatamente se levantando [anastasa, a cotejar com anastasis, "ressurreição"] ela os servia" (Lc 4,38-39).

Sinal e liturgia: com o risco do corpo

Li demais o episódio do lava-pés "ao pé da letra"? Talvez; mas parece-me que é justamente um dos usos do texto: que alcance e que lugar dar ao sinal. Já se observou que o evangelista honra até o fim o caráter concreto do gesto posto sob seus olhos. Ora, a liturgia da Quinta-feira Santa convida a repetir esse gesto, de modo que a leitura do episódio evangélico se dobre numa verdadeira "representação" desse mesmo episódio. É então que explodem a força e o caráter performativo desse gesto. A liturgia tem aqui um risco considerável, pois é, se ouso dizer, a carne nua que faz irrupção. Certamente, a Liturgia se dirige ao corpo e o leva muito a sério, mas engrandecendo-o, enobrecendo-o: as vestes litúrgicas, as atitudes e os gestos não são os da vida cotidiana, eles são marcados com certa solenidade, são executados com a preocupação de certa amplidão e com certa beleza. Enfim, a liturgia solicita sobretudo o alto do corpo: o rosto e as mãos, isto é, as partes mais valorizadas, precisamente as que evoca Pedro, procurando talvez inconscientemente "elevar o debate" ("Senhor, não só os pés, mas também as mãos e a cabeça!", Jo 13,9). Efetivamente, não é fácil assumir a "baixeza" dos pés. O risco é real: há alguma coisa de incongruente, até mesmo de obsceno, no gesto, que brilha (poder-se-ia dizer "que explode") quando é praticado e não descrito ou comentado. Com a "logística" necessária à realização do gesto, a falta de jeito ou o ridículo nunca estão longe:

5 - O corpo do crucificado, fonte da salvação

é preciso já atingir o pé, isto é, ir procurar onde ele está, embaixo, depois denudá-lo (tirar os calçados, as meias) quando geralmente ele é mantido escondido (não por pudor, o que o designaria como misterioso e importante, mas a maior parte do tempo por razões práticas e meteorológicas!). De repente, o corpo retoma seus direitos no que há de mais carnal e concreto: uma outra "presença real".

E o próprio gesto impressiona mais que o sentido que se quer dar-lhe: ele perde o estatuto de metáfora ou de ilustração que a maior parte dos comentários lhe dão. Ele não pode mais "reenviar" ao serviço ou à caridade, já que ele nos "para". Certamente, é bem entendido que o cristão não passa sua vida com uma bacia na mão: é então bem um exemplo que é posto sob nossos olhos. Contudo, a audácia da liturgia exprime uma verdade essencial: é preciso ir até o fim do significante para atingir realmente o significado. Poder-se-ia objetar que, já que não se trata de imitar os gestos do Cristo, mas de inventar gestos que hoje correspondam à mesma intenção, é inútil retardar-se no lava-pés. Uma vez que se compreendeu a "mensagem" (o serviço ao irmão), o gesto é supérfluo. É às vezes na mesma perspectiva, muito pobre, que se chame de sinal a cura do corpo. O corpo curado é, então, considerado como um envoltório que permite à mensagem atingir seus destinatários; mas quando se tomou conhecimento da mensagem, o envoltório não tem mais nenhum interesse e é suspeito de ainda se prestar atenção nele. Ou então, no caso do lava-pés, conceder-se-á que o gesto efetivamente praticado tem uma força tal que a lição nos toca mais profundamente: dito de outro modo, é um motivo pedagógico que justificaria a utilização litúrgica. Contudo, em minha opinião, trata-se de uma razão bem mais essencial: é a salvação que é posta sob nossos olhos, numa sorte de crueza carnal. Voltemos ao laço entre o lava-pés e a eucaristia: a eucaristia é praticada sem reticência; se ela põe em ação o corpo, é da maneira nobre e valorizada evocada mais acima. A eucaristia dirige-se ao corpo, mas pelo alto: se ela comporta o gesto da elevação, é toda inteira elevação. Pela manducação e ingestão, ela toca, portanto, de maneira decisiva na condição corporal, a ponto que em certas épocas a ideia de comer o próprio corpo do Cristo chocava os fiéis. Ora, no dia em que a Igreja faz memória da instituição da eucaristia, ela aproxima e une de maneira notável dois gestos, realizados um e outro na condição corporal: o gesto da "salvação pelo alto" e o gesto da "salvação por baixo". Dos pés à boca, é o corpo todo inteiro que recebe e acolhe a salvação, para se tornar capaz de fazer o mundo dela participar.

Se o mistério da Cruz é para nós tão difícil de ser compreendido, é que ele transtorna nossas maneiras mais habituais de pensar sobre dois pontos em particular. Primeiramente, nós temos dificuldade de nos desfazer da ideia (herdada da filosofia grega) de que o corpo é menos importante que a alma; acontece--nos crer que nossa fé é uma procura "espiritual" que repudia com todo direito o carnal. Ora a salvação nos vem do corpo do Cristo, da maneira como o Cristo compromete seu corpo num dom sem reserva. Dar sua própria vida é o único dom supremo: "Ninguém tem maior amor do que este: dar sua vida por seus amigos" (Jo 15,13); "Jesus [...] tendo amado os seus que estavam no mundo, amou-os até o fim" (Jo 13,1). Ora, este dom não é verdadeiro senão porque é marcado com o sangue derramado. Corpo doado antes de ser entregue: é todo o sentido da refeição eucarística, "isto é meu corpo doado por vós" (Lc 22,19). E João, antes de relatar o lava-pés, inaugura solenemente a sequência da Paixão sublinhando a inteira liberdade do Cristo: "sabendo que o Pai tudo colocara em suas mãos e que ele viera de Deus e a Deus voltava" (Jo 13,3).

O segundo paradoxo é que a cura nos vem de um corpo que foi macerado pelo sofrimento e tragado pela morte. Nós quereríamos que a cura nos ajudasse a virar as costas para a morte e eis que a Cruz nos faz voltar a ela. Então, às vezes, nós sonhamos que a Ressurreição nos ajuda a virar as costas para a Cruz... Mas o que é dado, na manhã da Páscoa, é o sinal do túmulo vazio, isto é, do corpo ausente. Nada aí de triunfal, de grandioso, de glorioso. E quando o Vivente, enfim, manifesta-se, é sob o modo da distância, *não me toques*, com a exigência de uma dupla separação, a volta para o Pai e o envio de Maria de Magdala como mensageira: "pois eu ainda não subi para o Pai. Mas vai encontrar meus irmãos" (Jo 20,17). O corpo do Cristo não é sempre um corpo de que se apropria, nem que fosse por uma efusão que poderia parecer legítima. No caminho do calvário, Jesus já tinha recusado ser o objeto da compaixão das mulheres presentes: "Filhas de Jerusalém, não choreis por mim! Chorai antes por vós mesmas e por vossos filhos! [...] Pois se fazem assim com o lenho verde, o que acontecerá com o seco?" (Lc 23,28.31). É precisamente o lenho da Cruz que carrega o fruto de salvação e de vida. Hoje, quando recebemos o corpo eucarístico, tornamo-nos participantes do sacrifício da Cruz, sob o duplo modo da presença real e de uma ausência que não é menos real, na espera da volta escatológica do Cristo: "Cada vez com efeito que comeis deste pão e que bebeis deste cálice, vós anunciais a morte do Senhor, até que ele venha" (1Cor 11,26). Esta ausência é uma ferida. Longe de nos satisfazer, a cura obtida na Cruz deve provocar em nós o desejo de sermos unidos, enquanto nós formamos seu Corpo, ao Cristo Cabeça.

6 - Nosso corpo, lugar de acolhida da salvação

O CORPO EM SUAS PROFUNDEZAS

Quando os cristãos, em particular entre os carismáticos, falam de cura, é frequente que eles distingam, até mesmo oponham, "cura física" e "cura interior". Por exemplo, irmã Briege McKenna explica que "a cura interior é a mais importante. Se o espírito não é curado, se a pessoa não se aproxima de Jesus, para que curar fisicamente?"[1] Isso vem afirmar, implicitamente, que a cura dita interior não concerne aos corpos, então que o corpo é sem profundidade, pura superfície oferecida aos olhos, simples envoltório. Contudo, isso não é o corpo, é a pele, mas a pele morta passada entre as mãos do curtidor, semelhante ao despojo hediondo que um dos mártires do último Juízo da capela Sixtina tem na mão; pois para a pele viva, é Paul Valéry que tem razão: *O que há de mais profundo no homem é a pele (Dialogues,* "A ideia fixa"). Não é a pele a primeira que dá conta da alteração da saúde (a palidez, o semblante desagradável) e da velhice em ação? Não é a pele que barra o caminho para as infecções, que retém a água indispensável, que regula a temperatura? As lesões cutâneas mostram, muitas vezes, a relação do paciente com o mundo ou com seus parentes, sobre a maneira como ele se deixa, ou não, "tocar": não é raro que o eczema de um bebê se refira a sua mãe. Superfície de contato entre o que está escondido e o que é visível, a pele, em primeiro lugar a do rosto, é oferecida a todos os olhares. Razão pela qual o que parece surgir de um simples prejuízo estético tem muitas vezes mais peso aos olhos do sujeito: o adolescente se inquieta com sua acne e o adulto com sua primeira ruga; ambos cuidam de sua bronzagem... Por que estranha cegueira se pode considerar

---
[1] *Dieu de joie, guéris nos frères!,* Chalet-Éd. De l´Emmanuel, 1994, p. 53.

que a interioridade não poderia ser corporal? Quantos exames médicos, da banal radiografia à imagem por ressonância magnética mais sofisticada, têm ao contrário por objetivo pôr à luz do dia, pesquisar o que se passa "dentro" do corpo, sob a pele, sob os músculos, sob a carne! Descobrir a pista é indicar o mal em seu começo, em ação no secreto dos órgãos ou das células, pois quando os estragos forem visíveis, constatáveis, será bem tarde, e às vezes tarde demais. Que homem em boa saúde jamais viu o interior de seu corpo? Se a carne está ferida, se sua integridade está ameaçada, é a hemorragia, às vezes fatal, o derramamento fora do corpo do que deve absolutamente circular no interior do corpo. Mesmo o escalpelo não o abre jamais sem risco, exceto sobre a mesa de dissecação...

Certamente, falar de cura interior é utilizar uma imagem. Portanto esta imagem não é neutra do ponto de vista antropológico; aliás, nenhuma imagem jamais é um simples "modo de falar" ou antes um "modo de falar" é sempre igualmente um "modo de pensar". Na verdade, aqui, a imagem não é mais percebida como tal e é porque ela quase não é criticada: a cura interior entrou no vocabulário cristão. Do mesmo modo, quando se fala de "cura do coração", é evidente que não se trata de uma cura cardiovascular, e contudo... O corpo é bem uma linguagem, um reservatório de inteligibilidade, de sentido e de imagens para decifrar o homem no mundo, de maneira primordial e não desprezível. Mas o corpo é "falante" porque é "falado", isto é considerado de certa maneira fruto duplamente natural da cultura: porque está na natureza do homem dar sentido (e então certo sentido) a seu próprio corpo; porque cada cultura considera que esse sentido é perfeitamente natural, isto é, evidente, transparente como um vidro. No que concerne aos pressupostos relativos ao uso da expressão "cura interior", pode-se aproximá-los de certa corrente da cultura grega antiga que herdamos: o corpo é assimilado ao material, então visível; ao contrário, o espírito é imaterial, muitas vezes celeste (ou em todo caso não terrestre) e invisível.

A antropologia bíblica é completamente diferente (inversamente, o uso que é feito da expressão "cura do coração" se aproxima muito do coração no sentido bíblico); ela reconhece a interioridade do corpo e lhe dá um alcance simbólico muito rico pelo uso metafórico das "entranhas" ou do "ventre". O sentido concreto do termo não é esquecido: aparece por exemplo a respeito da preparação dos animais para o sacrifício (Lv 1,9) e significa então "intestinos". No sentido figurado, mas que assume a crueza primitiva da palavra, as entranhas são a sede do apego instintivo, do movimento espontâneo de ternura para com um parente, especialmente uma criança, então da misericórdia e da compaixão surgidas de uma emoção profunda e quase irresistível. É uma alteração que "pega nas tripas" e que leva em particular, se necessário, ao perdão. As entranhas mais sensíveis e as mais fiéis são então as de Deus – o antropomorfismo é evidentemente deliberado – e sua cólera raramente lhe resiste: "Efraim será então para mim um filho tão caro, um filho de tal modo preferido, que cada vez que falo dele quero ainda lembrar-me dele? É por isso que minhas entranhas se comovem por ele, que por ele minha ternura transborda" (Jr 31,20). As entranhas revelam e exprimem a paternidade de Deus, isto é, sua identidade profunda, o secreto de seu ser. É do ventre com efeito que vêm, no homem e na mulher, a fecundidade e o dom da vida: o "filho das entranhas" ou "do ventre" entende-se no duplo sentido da palavra, ao mesmo tempo concreta e metafórica. "Uma mulher esquece sua criancinha, é ela sem piedade com o filho de suas entranhas? Mesmo se as mulheres se esquecessem, eu não me esquecerei de ti" (Is 49,15). Como Deus poderia agir de outro modo senão sob a atitude da misericórdia? Do mesmo modo, no evangelho, quando Jesus tem piedade, ele está literalmente "emocionado, tomado nas entranhas", por exemplo diante das multidões sem pastor (Mt 9,36) ou diante da viúva que enterra seu filho (Lc 7,13). Ele não veio revelar a infinita ternura do Pai e oferecer sua vida pela reconciliação do mundo? Aí ainda, a revelação é um movimento de revelação do mais obscuro, do mais secreto, então do mais profundo, do mais verdadeiro: o que Deus tem "no ventre" é o amor.

E nós, que temos no ventre? Muitas coisas sem dúvida, mas que nós raramente aceitamos olhar de frente! É por essa razão que alguns cristãos preferem substituir, na "Ave-Maria", a expressão "o fruto de vosso ventre" por "teu filho"?

A crueza da palavra ventre ou entranhas, numa oração, incomoda. Com efeito, o ventre, lugar de minhas necessidades, não responde a minha vontade! Toda a regulação do meio interior escapa em seus equilíbrios extremamente complexos à parte consciente de minha inteligência. [...] Há aí uma aceitação humilde a fazer de certa impotência sobre meu próprio corpo. [...] Pois eis onde a albarda fere: a vida surge em mim no seio do que eu domino menos, meu ventre. Confissão de impotência? Impasse? Porta aberta ao obscurantismo (não procuremos, é proibido ou está perdido de antemão)? Não! Felizmente, pois o ventre é também – por pouco que nele presto atenção e porque escapa a minha vontade – o lugar privilegiado de expressão de meus sentimentos e de minhas emoções impossíveis de verbalizar. [...] A vida surge em mim onde minha onipotência é atacada, aí onde a inteligência está longe de ser rainha![2]

Nosso socorro está nas entranhas de Deus, não nas nossas; mas é bem em nossas, em todas as profundezas de nosso corpo, que somos convidados a recebê-lo.

O ESPÍRITO, CÚMPLICE DO CORPO: CORPOS VISITADOS, CORPOS CONSAGRADOS

A visitação, o encontro entre Maria e Isabel, é a história de uma revelação do Espírito pelos corpos, nos corpos, para os corpos. Quantos corpos, com efeito, neste episódio! Pois as duas mulheres estão grávidas; o que elas têm "no ventre" é um ser humano e, para a mais idosa, Isabel, este menino é muito especialmente o fruto da misericórdia de Deus ("Seus vizinhos e os parentes souberam que o Senhor tinha feito brilhar sua misericórdia para com ela e se alegravam com ela", Lc 1,58).

---

[2] PAYRE, Pascale. "Le fruit de vos entrailles", *Études*, 384/2, fév. 1996, p. 211-212.

Mas é o nascimento, a vinda ao mundo que tornará público esse acontecimento e nós não estamos lá. Para o momento, só essas duas mulheres partilham o segredo extraordinário que acaba de perturbar a vida delas. Contudo, há uma "publicação" e ela vem do mais profundo, do menino que *estremeceu* (Lc 1,41) no ventre de sua mãe. Num lance admirável, dinâmico e "gracioso", o texto junta o escondido (o menino escondido nas entranhas maternas) e o proclamado (as palavras, verdadeiramente proféticas, de Isabel); o que vem de fora para dentro (a saudação de Maria que *bate nas orelhas* de sua prima), o que vem de dentro para fora (o *grande grito* de Isabel, como uma antecipação daquele que dará logo o que vai nascer). O que harmoniza esses elementos numa sinfonia da salvação, num cântico do mundo, é o Espírito Santo. Quando ele *enche* Isabel, ele partilha o estremecimento do menino, o movimento desta vida que toma carne de sua mãe, ele está ao mesmo tempo escondido e proclamado (fonte secreta do *grande grito*), ele vem de fora para dentro depois de dentro para fora. Contrariamente a uma concepção desencarnada do espiritual, este Espírito aí não desdenha os corpos, verdadeiros corpos, corpos sexuados, corpos de mulheres pesadas por sua gravidez; ele é um sopro, mas este sopro vem visitar a carne como uma carícia e um apelo. E o que diz Isabel sob a inspiração do Espírito é para Maria da ordem da revelação, junta-se à mensagem de Gabriel e a confirma. É com justiça que o "Eu vos saúdo, Maria"[3] une, o que pode parecer surpreendente, as palavras de um anjo e as de uma anciã... De maneira paradoxal, a palavra que jorra do mais profundo e do mais íntimo é também uma palavra dirigida a Maria, completamente dirigida para ela num movimento de oferta. E esta palavra suscita por sua vez em Maria uma resposta absolutamente pessoal e, contudo, tão ampla que ela traz em si e recapitula já todas as ações de graças da humanidade, como o ventre da Virgem traz a salvação do mundo, que recapitulará todas as coisas em si.

---

[3] N.T.: em português "Ave, Maria".

Se o corpo da Virgem grávida é de certo modo um tabernáculo, é o corpo do Cristo que é o Templo de Deus, pois só nele se cumpre o culto que dá glória ao Altíssimo. A atitude de Jesus diante do Templo de Jerusalém – centro oficial do culto, vasto e magnífico conjunto arquitetural que faz o orgulho do povo judeu – magoa seus discípulos e seus contemporâneos: o episódio dos vendedores expulsos do recinto sagrado está presente nos quatro evangelhos. E, sobretudo, as palavras de Jesus contra o Templo são um dos pontos de acusação mantidos contra ele: "Nós o ouvimos dizer: Eu destruirei este templo feito por mão humana e em três dias construirei um outro que não será feito por mão de homem" (Mc 14,58). João explicita a alusão que os ouvintes não percebem: "Os Judeus lhe disseram então: Foram necessários quarenta e seis anos para construir este templo, e tu, em três dias, vais levantá-lo? Mas ele falava do templo de seu corpo. Assim quando ele ressurgiu dentre os mortos, seus discípulos se lembraram do que ele tinha dito, e eles creram na Escritura e na palavra que ele tinha dito" (Jo 2,20-22). Colocada no início do evangelho, esta palavra toma um relevo particular. Em Mateus, Marcos e Lucas, o detalhe do véu do Templo que se rasga na morte de Jesus reforça a associação e até a assimilação entre o corpo de carne do Senhor e o lugar da Presença divina. Enfim, a Jerusalém celeste não tem necessidade de Templo, pois "seu Templo é o Senhor, o Deus todo-poderoso, e o Cordeiro" (Ap 21,22). O Cristo é o Templo por excelência, mas quando o redator dos Atos dos Apóstolos quer mostrar que Estêvão, o primeiro mártir, deu sua vida da mesma maneira que seu mestre, ele retoma a acusação ligada ao Templo: "Este indivíduo não cessa de falar contra o Lugar santo e contra a Lei. Nós o ouvimos dizer que Jesus, este Nazareno, destruirá este Lugar e mudará os costumes que Moisés nos transmitiu" (At 6,13-14).

Como Estêvão, mas de um modo geralmente menos dramático, os discípulos que o Cristo atrai em seu seguimento podem "oferecer-se a si mesmos em sacrifício vivo, santo e agradável a Deus: é o vosso culto espiritual" (Rm 12,1). É um tema que Paulo exprimiu com seu vigor habitual, aplicando ao fiel a própria imagem do templo. Considera-se às vezes que Paulo é um dos responsáveis da desvalorização do corpo que, crê-se, marcou a fé cristã até hoje (uma posição que mereceria já ser fortemente matizada). É verdade que o Apóstolo opõe em várias ocasiões o espiritual (ou "pneumático") e o carnal: "Para mim, irmãos, não pude falar-vos como a homens espirituais, mas como a homens carnais [...]. Com efeito se há entre vós inveja e rixa, não sois carnais e vossa conduta não é meramente humana?" (1Cor 3,1.3). Inegavelmente, para Paulo, a vida cristã exige uma conversão, uma ruptura; só o Espírito pode guiar o fiel neste caminho, pois a salvação não se ganha com a força do punho, ela está radicalmente fora de alcance dos esforços do homem (o que testemunha, por exemplo, o fracasso da Lei em obter a santificação). Entre o espírito do mundo e o Espírito do Cristo, é preciso, então, escolher. Mas o apelo a se tornar "espirituais" não implica nenhum desprezo da condição terrestre ou corporal. Aliás, Paulo inclina-se de boa vontade ao realismo e não deixa de organizar ele mesmo uma coleta nem de tratar de assuntos tão concretos como as carnes sacrificadas aos ídolos, o traje das mulheres nas assembleias ou o valor do celibato e do casamento. A comparação entre o corpo e o templo, várias vezes retomada, mostra ao contrário que Paulo tem o cuidado de pôr em relevo e de honrar a dimensão espiritual do corpo. No Novo Testamento, encontram-se duas palavras gregas traduzidas por "templo": o *hieron* e o *naos*. O *hieron* designa quase exclusivamente o Templo de Jerusalém. Ao contrário, o *naos* é o santuário, o espaço mais secreto e o mais sagrado de um templo, tido por abrigar a presença da divindade (geralmente representada, no mundo pagão, por estátua); o Templo de Jerusalém tem também seu *naos*, mesmo se não se encontra evidentemente estátua. Quando Paulo compara o corpo com o templo, ele fala do *naos*. Não é, então, o aspecto visível e "monumental" que interessa, mas ao contrário o que vem da intimidade, do encontro: o corpo como receptáculo.

"Não sabeis que vós sois um templo de Deus e que o Espírito de Deus habita em vós? Se alguém destrói o templo de Deus, Deus o destruirá; pois o templo de Deus é santo e este templo sois vós" (1Cor 3,16-17). Eis aí, na primeira carta aos Coríntios, a primeira ocorrência da expressão "templo de Deus" aplicada aos fiéis; a comparação com o corpo é aqui implícita. Paulo utiliza o termo da arquitetura e da construção para explicar a função dos pregadores do Evangelho; ele sublinha, então, a dignidade da pequena comunidade, que pode bem parecer cheia de "loucos" aos olhos do mundo, mas que não deixa de abrigar o Espírito do Deus vivo. A segunda ocorrência põe explicitamente em relação o corpo do fiel e o templo. Com efeito, Paulo trata de um assunto que implica muito concretamente o corpo: a devassidão. Parece que alguns coríntios tenham confundido a liberdade cristã com desregramento moral, julgando talvez que entre "seres espirituais" o corpo não tem importância alguma, não é portador de nenhum valor, nenhum sentido. Ora Paulo faz o raciocínio inverso: a dignidade do corpo é a de mostrar a união do fiel com o Cristo. "O corpo não é para a fornicação; ele é para o Senhor, e o Senhor para o corpo. E Deus, que ressuscitou o Senhor, nos ressuscitará também, por seu poder. Não sabeis que vossos corpos são membros do Cristo? [...] Fugi da fornicação! Todo outro pecado que o homem pode cometer é exterior a seu corpo; aquele porém que se entrega à fornicação peca contra o próprio corpo. Ou não sabeis que o vosso corpo é um templo do Espírito Santo, que está em vós e que recebestes de Deus? E que não pertenceis a vós mesmos? Alguém pagou alto preço por vosso resgate; glorificai, portanto, a Deus em vosso corpo" (1Cor 6,13-20).

O corpo não é neutro, ele traduz um mistério essencial. A fornicação não é antes uma falta de domínio de si; ela tira de Deus o que lhe pertence, o corpo do fiel resgatado pelo Cristo e tornado membro do Cristo. Lugar de uma aliança, obra da redenção, o corpo é destinado à ressurreição como o corpo imolado do Cristo: trata-se, então, de ser para o Cristo em todas as dimensões da pessoa. O corpo, aqui, envolve o coração e ameaça até a identidade do fiel, pois o pecado *exterior ao corpo* é menos grave que o pecado *contra seu próprio corpo*. Em suma, Paulo não fala aqui de um pedaço de carne provisoriamente animado por um sopro de vida, de uma carcaça ou de um envoltório. Santuário do Espírito Santo, o corpo é quase um "tabernáculo", o lugar de uma Presença real, porque ele mesmo está realmente presente no mundo. Isso sem condição: Paulo não faz diferença entre os corpos novos ou velhos, belos ou desagradáveis, doentes ou sadios. Como diz Jean Vanier, o corpo de uma pessoa deficiente que não domina seus gestos, que não sabe senão gritar, que se suja e que precisa ser assistida em todas as circunstâncias da vida cotidiana, esse corpo também é templo do Espírito. Isso não quer dizer, naturalmente, que o estado do corpo seja sem importância; isso quer dizer que o corpo de um vivente é sempre o corpo de uma pessoa e é isso que é sagrado.

O CORPO DESTINADO À MORTE E PROMETIDO À RESSURREIÇÃO

Nós já falamos, a respeito do custo da cura, da hemorroíssa que se arruinou ao querer ser curada. Alguns capítulos mais adiante, no mesmo evangelho, há ainda a questão de uma mulher que deu "tudo o que tinha para viver" (Mc 12,44): trata-se da pobre viúva que lança duas moedinhas no tesouro do Templo e que Jesus é o único a perceber. Essas duas mulheres mostram a despossessão completa, e num sentido absolutamente ineficaz. A doente, provavelmente a mais abastada, dilapidou seus bens sem ser curada. Quanto à pobre viúva, ela dá uma soma que representa muito para ela ("tudo o que possuía, tudo o que ela tinha para viver", Mc 12,44), mas nada ou quase nada em relação às colossais necessidades do Templo: não se mantém um edifício desta importância com moedinhas! Certamente, Jesus faz o elogio a essa mulher, mas, alguns versículos posteriores, ele anuncia a seus discípulos a destruição desse mesmo Templo para o qual ela depositou suas últimas moedas: "Tu vês estas grandes construções? Não ficará pedra sobre pedra que não seja demolida" (Mc 13,2). Nos dois casos, a desproporção entre prodigalidade da despesa e a ausência de benefício incomoda: o que elas ganharam, uma e outra? Não teria sido melhor que cada uma guardasse seu dinheiro e o empregasse com melhor discernimento?

Outro episódio vai no mesmo sentido: a unção com perfume feita a Jesus por uma mulher. Ele reage assim: "ela antecipadamente perfumou meu corpo para o sepultamento" (Mc 14,8). Ora aí ainda se trata de uma despesa importante, pois o perfume é *muito caro*, o que escandaliza as testemunhas: "Para que este desperdício de perfume? Este perfume podia ser vendido por mais de trezentos denários" (Mc 14,4-5). Não é dito aqui que a doadora se arruinou; ao contrário, é questão de dilapidação, de desperdício, de uma soma que poderia ter sido mais bem empregada. Ressaltemos ainda (mas com prudência, pois estes detalhes não são dados nos próprios evangelhos) que o preço de trezentos denários, indicado em Marcos e João, representa dez vezes o montante que Judas receberá, em Mateus, por ter entregado o Cristo. Quando à versão lucana da unção, ela omite precisar que o perfume é custoso; ao contrário, introduz a parábola dos dois devedores insolventes que o credor dispensou de pagar. Aí ainda se trata de dinheiro (as somas em questão são até precisadas: cinquenta e quinhentos denários) e de prestações excessivas, além do economicamente razoável. "O que daria o homem em troca de sua vida?" (Mc 8,37). O corpo doente que traz em si a morte, o corpo destinado ao suplício e sepultado de antemão, eis aí os corpos para os quais o dinheiro é gasto sem contar, sem reserva, sem precaução, eis os corpos para os quais nada é caro demais. E, contudo, não é o dinheiro esbanjado que estanca o fluxo de sangue, não é o dinheiro oferecido sob a forma graciosa do perfume que livra da morte. Ao contrário, o dinheiro vai no sentido da morte, num excesso que tenta, mas em vão, conter o excesso da morte em ação. É repudiada como inútil a ordem do razoável, da cura prudente e medida, da parcimônia que prevê e garante o futuro; mas é inútil ainda repudiá-la. Há aqui alguma coisa que a despesa mesmo a mais louca não compra. Não há resgate possível para o corpo dos vivos, senão o que o Cristo pagou por nós: "Vós fostes resgatados por alto preço" (1Cor 6,20).

"Revestir a imortalidade" no seguimento do Cristo

Já que pertencemos ao Cristo, precisamos *revestir a incorruptibilidade* (1Cor 15,53) no seguimento do Cristo. O corpo dos mortos não é mais abandonado à corrupção como não foi o corpo do Cristo; pois para Paulo, na vida ou na morte, o lance essencial é ser do Cristo. O tema do corpo atravessa de um lado a outro a primeira carta aos Coríntios: o corpo templo do Espírito, o corpo do Cristo partilhado na Ceia do Senhor, a comparação do corpo aplicada à comunidade, o corpo prometido à ressurreição. É, se se ousa dizer, o corpo em todos os seus estados, em toda a riqueza de suas significações, é sempre o corpo que deixa ver e pegar uma parte do mistério. É um corpo memorial – o corpo eucarístico partido *em memória* do Senhor – e um corpo que tem um futuro, um corpo destinado à ressurreição. Quando ele aborda este aspecto da fé cristã, Paulo é obrigado a multiplicar as imagens, pois nós entramos numa ordem que se estende além de nossos limites, além de nosso quadro de pensamento habitual. O estilo do Apóstolo toma uma coloração quase impressionista: é por pequenos toques, pelo recurso aos exemplos de diversidade que oferece à criação que se elabora uma linguagem ao mesmo tempo firmemente teológica e discretamente poética.

Em suma, Paulo não procura responder a todas as questões que a ressurreição pode suscitar nos curiosos: seu objetivo é alimentar a esperança cristã, não o imaginário ou a fantasia. É por isso que só são tomadas em conta as objeções que constituem obstáculos para a fé de alguns. Com efeito, a pregação cristã encontra aqui uma cultura, a cultura grega antiga, que está malpreparada para acolher uma boa notícia sobre o corpo. Sabe-se que Paulo, tomando a palavra no areópago de Atenas, é interrompido no momento em que chega à ressurreição: "Nós te ouviremos sobre isso uma outra vez" (At 17,32). A imagem do grão de trigo e do que é semeado em geral permite evocar, ao mesmo tempo, a permanência de uma identidade e uma transformação radical: "semeado corruptível, o corpo ressuscita incorruptível, semeado desprezível, ressuscita reluzente de glória, semeado na fraqueza, ressuscita cheio de força, semeado corpo psíquico, ressuscita corpo espiritual" (1Cor 15,42-44). *Corpo espiritual* (literalmente "pneumático")! Uma aliança de palavras se se entende "espiritual" no sentido, errado mas corrente, de "imaterial, evanescente, não corporal". *Corpo psíquico* é em si obscuro (o que não é tão falso, já que se trata do corpo opaco...), também se traduz "corpo animal" ou "material". A Bíblia Bayard propõe o par "corpo animado" – "corpo inspirado": "corpo animado" é particularmente interessante, por sua fidelidade à antropologia bíblica (subjacente em Paulo, mesmo quando ele se dirige em grego a Gregos!). Seja o que for das opções de tradução, o sentido do texto é claro. A condição terrestre é uma condição corporal, mas a condição celeste o é igualmente, embora de uma outra maneira que escapa à compreensão que podemos ter dela neste mundo. É por isso que é perigoso e ilusório deixar livre a imaginação, quando ao contrário a imagem pode ser um guia modesto, mas precioso. O corpo é então o ponto comum e num sentido o traço de união entre o que nós vivemos agora e o que somos chamados a viver além da morte. É por isso que, por exemplo, a Assunção da Virgem Maria é uma festa para toda a Igreja: longe de representar uma exceção ou uma anulação da sorte comum, ela prefigura a assunção da humanidade em Deus, a elevação da condição corporal à glória do Reino.

Honrar os corpos defuntos, testemunho de uma esperança

Já que o corpo está destinado à vida, não à decomposição, a tradição cristã sempre honrou o corpo dos defuntos: quando da celebração dos funerais, o rito da incensação faz referência ao caráter sagrado do corpo que se vai levar para a terra. No *Le Hussard sur le toit*, Jean Giono põe em cena a atraente figura da freira, que, numa cidade devastada pelo cólera, contrata o jovem Ângelo para ajudá-la na tarefa, aparentemente supérflua e de todo modo perigosa, de lavar e de enterrar cadáveres muito pouco atraentes – e não é uma questão de higiene.

> A freira não se preocupava nunca. "Eu limpo, dizia ela. São meus clientes, sou responsável por eles. No dia da ressurreição, eles serão limpos." E o Senhor vos dirá: "Perfeito, sargento", respondia Ângelo. Ela replicava: – Se Deus diz "Perfeito", pobre idiota, o que tens a dizer, tu criatura? – Mas pode-se salvar, diz Ângelo, ao menos eu creio. – E o que é que eu faço? Dizia ela. Certamente que são salvos. – Mas, diz ele, devolver-lhes a vida. – Há muito tempo que eles morreram, tudo isso não é mais que uma formalidade. – Mas, minha madre, diz Ângelo, eu também estou cheio de pecados. – Esconde-te, esconde-te, diz ela. [...] A grande preocupação da freira era preparar os corpos para a ressurreição. Ela os queria para esta ocasião limpos e decentes. "Quando eles se levantarem com suas coxas sujas de fezes, dizia ela, que figura farei diante do Senhor? Ele me dirá: 'Tu estavas lá e tu sabias; por que não as limpaste?' 'Eu sou uma mulher caseira, eu faço meu ofício.'"[4]

Admirável e profundamente cristã essa maneira de associar o mais concreto e o mais espiritual, o mais desesperador e o mais esperado, o mais terrestre e o mais escatológico. A freira não ignora, certamente, que ela lava cadáveres que já se decompõem e, contudo, são bem esses corpos que são destinados à ressurreição e que devem poder apresentar-se dignamente. Ela é indiferente à ideia de cuidar dos corpos vivos, mas os corpos

---

[4] GIONO, Jean. *Le Hussard sur le toit*, Paris, Gallimard, Coll. "Blanche", 1955, p. 159-160, 167.

mortos estão no direito de exigir tudo de sua diligência e é isso a salvação. Notar igualmente a associação que Ângelo estabelece espontaneamente entre a morte e o pecado, daí sua confissão – que não dá impressão de perturbar muito sua "patroa". Em suma, seria falso pensar que essa estranha equipe não tem trabalho senão com os mortos; ocupar-se com cadáveres é evidentemente um imenso serviço prestado aos vivos e aí ainda não se trata de higiene.

> No instante em que Ângelo passava pela porta, ele se dizia: "E aqui, o que se vai fazer?" Por cima do ombro da freira, ele via este interior burguês arado para terríveis sementes e os sobreviventes, aglomerados num canto do salão, como macaquinhos tomados pelo frio. Imediatamente, a freira puxava a mesa com facilidade, levantava as cadeiras, colocava as poltronas, ajuntava os fragmentos de música. Ela abria uma porta que dava para o quarto. Ela perguntava: "Onde estão os panos novos?" Essas palavras eram mágicas. Elas lhe davam a mais fulgurante das vitórias. Pronunciadas não muito cedo essas palavras, ouvia-se no bando de macacos o barulho de um molho de chaves. Este barulho mesmo tinha uma força tão poderosa que se via sair do bando uma fêmea que se tornava logo mulher e, sem demora, tornava-se patroa. Algumas, entre aquelas cujos rostos estavam mais particularmente cobertos de cabelos, cambaleavam ainda um pouco e iam, em sua embriaguez, até puxar o molho de chaves. Mas a freira não o pegava nunca. "Vinde abrir o armário vós mesmo", dizia ela. Depois, preparava-se o leito bem quadrado. Só uma vez bem-preparado o leito podia-se ocupar com o cadáver e então completamente. Mas já as rodagens da casa tinham se posto a caminho e já a morte podia dar de novo um golpe diabólico nesta família sem nada destruir de essencial.[5]

Por sua cumplicidade tácita com o cotidiano, a freira ajuda as famílias traumatizadas e culpabilizadas a reintegrar a morte e os mortos. A operação começa por recompor a ordem da casa, numa sorte de pacificação do espaço doméstico e familiar que o cólera transformou em campo de batalha. Os objetos tomam uma importância considerável: por sua banalidade, os panos e as chaves têm o poder de restaurar o ordinário, de fazer a dona

---

[5] GIONO, Jean. *Le Hussard sur le toit*, p. 157-158.

da casa voltar à dignidade de sua função. É certamente essencial que ela mesma abra o armário, que ela não delegue a uma estranha seu "poder das chaves". O cadáver pode esperar, ou melhor, já é dele que se ocupa: qualquer que seja sua aparência física, ele não é mais este objeto de desgosto e de horror do qual se fugiu. Pela graça do leito *bem quadrado*, ele poderá tornar-se um defunto como os outros, a respeito do qual se cumprem os ritos previstos. O *golpe diabólico*, isto é, "que divide", segundo a etimologia, foi dissipado: uma forma de exorcismo...

Um escritor dos primeiros séculos da Igreja, Tertuliano, tem textos magníficos, verdadeiramente líricos, para celebrar a dignidade da carne e proclamar a glória de sua ressurreição prometida. E embora ele ponha todo seu ardor em refutar ponto por ponto os desprezadores da condição corporal, o valor da carne não repousa no fundo, a seus olhos, senão sobre um único fundamento (mas isso basta largamente): a encarnação do Verbo de Deus, vindo em nossa carne, prolongamento e coroamento da obra da criação.

> Esta carne que Deus, com suas mãos, fabricou à imagem de Deus, que animou com seu sopro à semelhança de sua própria vitalidade, que ele pôs à frente de toda a sua criação para que habite com ela, recolha seus frutos, tenha sobre ela todo poder, que ele revestiu com seus mistérios e seus ensinamentos, cuja pureza ele ama, cujas mortificações permite, cujos sofrimentos têm preço a seus olhos, esta carne não ressuscitará, ela que a tantos títulos pertence a Deus? Está excluído, absolutamente excluído, que a obra de suas mãos, o objeto de sua solicitude, o receptáculo de seu sopro, a rainha de sua criação, a herdeira de sua liberalidade, o sacerdote de seu culto, o soldado que combate pela defesa de sua palavra, a irmã do Cristo, Deus a abandona à morte eterna! [...] Por que reprovas na carne o que é espera de Deus, o que é esperança de Deus? [...] Assim, então, a carne ressuscitará, e certamente toda carne, em si mesma, em sua integridade. Onde quer que ela esteja, ela está depositada junto de Deus, graças a este mediador muito seguro entre Deus e os homens, o espírito na carne e a carne no espírito, ele que já reuniu os dois elementos em sua pessoa, que deu uma esposa ao esposo, um esposo à esposa.[6]

---

[6] TERTULIANO. *La Résurrection des morts*, trad. Madeleine Moreau, Paris, DDB, Coll. "Les Pères dans la foi", 1980, $_s$IX e LVIII, p. 55, 147.

Em regime cristão, a dignidade do corpo é sem condição, sem reserva, sem restrição. Não é a idolatria de um corpo que se obstinaria em querer modelar segundo os exemplos mais quiméricos de uma perfeição de loja, como a cultura contemporânea sente a tentação. O corpo é sempre o corpo de uma pessoa, em sua dimensão histórica e em suas inevitáveis fragilidades. É então um corpo altamente significativo, um corpo visível e feito para ser visto, ou antes olhado e até considerado, em todos os sentidos do termo. O conjunto do corpo é de ser feito para a relação. Todas as relações passam pelo corpo, inclusive e sobretudo a relação com Deus. Pela água do batismo e pela unção do óleo, o Espírito Santo imprime sua marca no recém-batizado e o incorpora na Igreja. E a eucaristia, que os primeiros cristãos chamavam de Ceia do Senhor, é verdadeiramente alimento. É na carne que ressoa o chamado à salvação. Para que teria servido a encarnação do Filho se se tratasse de uma salvação desencarnada? Ao contrário, são os gestos de amor concretos dos quais os corpos são os atores e beneficiários que constroem desde este mundo o Reino: "Eu tive fome e destes de comer, eu tive sede e destes de beber, eu era um estrangeiro e me acolhestes, nu e me vestistes, doente e me visitastes, prisioneiro fostes me ver" (Mt 25,35-36). E quem amará o corpo do homem mais que Aquele que criou o homem modelando seu corpo? A cura do corpo é por excelência um anúncio da glorificação prometida a nossa carne por causa do Cristo, saído vivo do túmulo. A esperança mais inaudita se revela em nossa fraqueza, em nossa "mortalidade". Poderia ser diferente? A imortalidade com que sonhamos muitas vezes é incompatível com a ressurreição. Nosso corpo, mais sábio que nosso coração, acolhe com alegria a experiência benfazeja da cura como uma promessa, como o selo posto pelo Espírito Santo num membro do Corpo do Cristo que espera ser reunido a sua Cabeça.

7 - Curar no obscuro: com o risco da ambiguidade e do fracasso

CRER SEM CURAR
CURAR SEM CRER

A cura, dissemos, é uma experiência universal: todos os homens se curam, exceto os mortos, que não se curaram e que não têm mais necessidade de cura. Porque a cura vem antes da capacidade de curar com que Deus premiou o corpo de suas criaturas, toda cura é dom do Deus Criador. Mas a origem desse dom está escondida, acessível só numa perspectiva de fé: os não crentes afirmam curar naturalmente, e eles têm razão. É a liberdade de Deus de estar presente sem impor sua presença e a liberdade dos homens de reconhecer essa presença que tem sua fonte nesta divina liberdade. Submetido à condição comum, os cristãos não estão colocados em posição de superioridade em relação à doença ou à deficiência: Deus não é um recurso mágico, um farsista infalível, uma espécie de jurisdição de apelo quando as instâncias ordinárias (a medicina) fracassaram. A fé não compra a cura, porque nada compra a cura: nem os tratamentos mais sofisticados, nem o amor mais terno jamais são uma segurança, uma garantia absoluta contra o fracasso. A cura surge, a cura se esquiva, ela se assemelha ao vento: "O vento sopra onde quer e tu ouves sua voz, mas não sabes de onde ele vem nem aonde vai" (Jo 3,8).

"Mesmo" a oração (e por que a oração gozaria de um privilégio?) é impotente para forçar a cura. Há uma "obstinação espiritual" que não é menos perigosa e ilusória que a "obstinação terapêutica".

> Outro sofrimento: eu o recebo destes católicos profundamente crentes que a desgraça precipitou na devoção. Eles rezaram muito – rezaram demais? – e comungaram muito para obter do céu a saúde de um dos seus. A busca do milagre esgotou seus recursos de palavras. Nada, contudo, de essencial – de sua vida vivida nem de seu futuro comum –, pôde ser retomado numa troca de palavras com o doente no momento de sua partida. Sua preocupação com oração e com milagre os dispensou de viver na fé o sofrimento carnal da separação enquanto rasgadura humana e assunto de esperança. Como que retidos à borda do acontecimento, todos os seus esforços foram empregados em deixá-lo correr, ao passo que em oração eles subiam ao céu. E a morte, para terminar, foi mais forte que suas orações. [...] Falta de palavra humana, a palavra de fé falhou em sua necessária mediação e em seu caminho natural.[1]

Não, a fé não pode dominar a morte, na confrontação com a morte. É aliás o sentido do sacramento dos enfermos colocar o fiel diante de sua morte, mas não sozinho: na solidariedade da Igreja, na força do Espírito e na companhia do Cristo. Aí ainda se se considera que a ressurreição se opõe à morte, então o doente que sucumbe parece um desmentido silencioso às promessas de Deus. Mas se a vida jorra no próprio coração da morte – como o corpo vivo do Cristo surgiu do túmulo –, então aquele que não é curado e seus parentes podem pronunciar em seu próprio nome as palavras do velho Simeão: "Agora, Soberano Senhor, tu podes, segundo tua palavra, deixar teu servo ir em paz, pois meus olhos viram tua salvação" (Lc 2,29-30).

Quando se procura a todo custo explicar por que, em tal ou tal contexto não médico, por exemplo, em uma assembleia de oração carismática, alguns são curados e outros não, o resultado é geralmente pouco convincente e corre o risco de levar a tomadas de posição que soam como condenações: às pessoas que não foram curadas teriam faltado a fé ou o abandono, não teriam desejado verdadeiramente ser curadas (por medo ou por continuar a gozar dos "benefícios" que lhes traz seu estado)... Ou então, isso

---

[1] BURDIN, Léon. *Parler la mort. Des mots pour la vivre,* Paris, DDB, 1997, p. 80-81.

significa que Deus não chama essas pessoas para serem curadas, mas para carregar o peso de seu sofrimento no seguimento do Cristo, em testemunho de esperança para o mundo. Em suma, isso significa forçosamente alguma coisa, que se procurará decifrar à força: o mistério da doença e da cura não existe mais, ou antes não existe mais senão para "os outros", os que não sabem, que não estão no segredo de Deus... "Pretendes sondar a profundeza de Deus, atingir os limites de Shaddai? Ela é mais alta que os céus: que farás? Mais profunda que o Xeol: que poderás saber? Ela é mais extensa que a terra e mais larga que o mar" (Jó 11,7-9).

A mesma leitura sistematizante é às vezes aplicada às curas de Jesus. Ora é justamente difícil marcar aí um *modus operandi* sempre válido, pela boa razão de que quase não existe. As numerosas curas relatadas pelos evangelhos não obedecem ao mesmo esquema, como se Jesus tivesse seu método, provido de condições e de exigências, e o aplicasse imperturbavelmente. Ao contrário, a maior parte das curas nasce do encontro entre uma aflição e a ternura; atento às pessoas e profundamente sensível a seu fardo, Jesus não transforma jamais os doentes que o procuram em ocasiões de proclamar sua mensagem ou de demonstrar sua divindade. Seria odioso que a miséria dos homens servisse de tribuna, mesmo que fosse para a Boa-Nova (que cessaria aliás imediatamente de ser uma), e o enviado do Pai nada tem a ver com esses charlatães que mandam subir no palco o espectador do qual necessitam para seu número. As curas evangélicas não provam nada, a não ser que Deus ama os homens e os quer de pé; depois de tudo, já é enorme e há aí muito com que alimentar uma esperança...

Contudo, esse material tão rico é explorado de muitas maneiras que dizem, frequentemente, mais sobre os centros de interesse e as convicções do comentador do que sobre o rigor de sua exegese. Por exemplo, ver-se-á pôr o acento em tal ou tal aspecto, em função do qual ele selecionará certos episódios que se prestam obrigatoriamente para a demonstração. Quer-se estabelecer que Jesus cura em resposta à fé do doente?

143

Convocam-se, então, por exemplo, o cego Bartimeu (Lc 18,35-43) ou os dez leprosos (Lc 17,11-19), mas deixam-se na sombra as curas operadas na sinagoga, sem nenhuma solicitação dos interessados (a mulher encurvada, Lc 13,10-17; o hidrópico, Lc 14,1-4), ou a última cura de Jesus – jamais comentada neste sentido, e contudo não é uma? –, recolocando a orelha do soldado que um de seus discípulos cortou quando da prisão de seu mestre (Lc 22,49-51). De fato, a única posição honesta a respeito do laço entre fé e cura parece ser esta: "A relação entre a fé e a cura é complexa. Se são olhados os relatos de cura nos evangelhos, pode-se constatar que, em certos casos, a fé precede a cura. Em outros, a fé vem depois do milagre. Enfim, há casos em que Jesus cura sem nada pedir, nem nada obter das pessoas que ele encontra. Isso dito, no relato, sempre se trata de fé ou de crença".[2] Quando a fé não está na origem da cura, às vezes se quer a todo custo que ela seja ao menos seu fruto: não seria escandaloso que aquele que recebeu um tão grande benefício – recusado a crentes fervorosos – não manifeste seu reconhecimento, em duplo sentido do termo, dando graças a Deus e juntando-se a sua Igreja? Mas dos dez leprosos curados pelo Cristo (Lc 17,11-19), um só voltou a ele; nada impede que os outros nove tenham sido bem curados e que esta cura não lhes seja tirada em punição de sua ingratidão!

> Sim, há pessoas que são curadas, mas que não se convertem por causa disso. Pode-se tratar apenas de curas psicossomáticas. Inclusive na Renovação Carismática, não se pode sempre saber o que realmente aconteceu. E ao procurar sistematicamente sabê-lo, corre-se o risco de se quebrar a cara. Porque se está diante de um duplo mistério: o da intervenção de Deus e o da pessoa e de sua liberdade. Eu creio que é preciso limitar-se à constatação seguinte: nestas curas súbitas, inesperadas, inexplicáveis, há muitas vezes acompanhamento de uma conversão do coração (Dr. Bruno Fabre, du Chemin-Neuf).[3]

---

[2] CAMIADE, Laurent. *Je guéris donc je suis. Pour une théologie de la guérison*, Paris, Ed. du Sarment, 2001, p. 119.

[3] *Dieu de joie, guéris nos frères!*, Chalet-Éd. de l'Emmanuel, 1994, p. 112-113.

7 - Curar no obscuro: com o risco da ambiguidade e do fracasso

Quer-se antes pôr na frente a importância do pedido consciente? Referir-se-á aos episódios em que Jesus estabelece um diálogo com o doente antes de curá-lo. O exemplo de ouro: o cego de Jericó (*Que queres que eu faça para ti?* Lc 18,41), mas o tornado paralítico da piscina de Betesda faz também perfeitamente o dever, sobretudo o famoso *Queres recuperar a saúde?* (Jo 5,6) se presta de bom grado, se for preciso, a uma leitura moralizante, até mesmo culpabilizante. "Por esta pergunta chocante, Jesus revela a este homem a causa de sua doença: ele deixou extinguir-se seu impulso vital, seu desejo de vida, ele não sabe mais querer. Jesus vê além das aparências."[4] (O texto seguinte se liga a aparências; eis porque sem dúvida se é autorizado a ver além do texto...) E tanto pior se Jesus não pergunta nada ao paralítico descido através do teto (Lc 5,17-26) ou não fala com a hemorroíssa senão depois de sua cura furtiva (Lc 8,43-48).

O INSENSATO DESEJO DE CURAR

O desejo de curar põe os saudáveis embaraçados. Que há de mais legítimo, contudo? Mas quando aparece cada vez mais claramente que esse desejo não será satisfeito, o que se pode fazer? Como é tentador negá-lo ou desviá-lo, para evitar ao doente e a seus parentes, o sofrimento da decepção! Não curar imediatamente, não curar sem prejuízo, não curar completamente: tantos fracassos do desejo mais profundo, o mais natural (parece) do homem. Como gerir e dirigir o desejo, esta força obscura de que o doente tem tanta necessidade para ser curado, mas que contudo não basta para curar? E talvez há outra coisa a desejar? Mas a quem se ousaria censurar o desejo de ser curado, para com e contra tudo (ou contra todos)? Às vezes, ao contrário, receia-se que acabe esse desejo, que desapareça sob os golpes da dor, do desgosto de viver: sabe-se bem que "abaixar os braços" é como deixar o campo livre para a

---
[4] PACOT, Simone. *L'Évangelisation des profondeurs*, Paris, Ed. du Cerf, 1998, p. 23.

doença. Excessivo ou ausente, dirigido para um objetivo que desaparece inexoravelmente, o desejo travou uma cumplicidade secreta com o insensato. Mas é mais insensato ainda ser atingido em seu corpo, ser ameaçado em sua vida, sofrer. Certamente, a decepção dá medo e desejaríamos evitá-la para os que amamos. E já que a cura jamais está assegurada, seria melhor não desejar tão fortemente curar, seria melhor acolher a cura como uma surpresa, sem verdadeiramente esperá--la... Toda instância de cura engana, pois onde uma só pessoa foi curada, outras virão procurar a cura, o que é ao mesmo tempo louco e razoável ("Por que isso não funcionaria para mim?"); mas fatalmente nem todos serão curados. Lourdes decepciona então, os carismáticos também decepcionam, a medicina decepciona – como Jesus decepcionou, pois certamente leprosos correram atrás dele para serem purificados, sem ser curados, cegos correram atrás dele para recuperar a vista, sem obtê-la, coxos mancaram em vão atrás dele pela saúde de suas pobres pernas. Um padre parisiense reagiu assim depois da publicação, no *Paris Notre-Dame*, de um artigo consagrado às noites de oração pela cura propostas pela comunidade do Emanuel à paróquia de Saint-Nicolas-des-Champs (Paris 3):

> O modo ordinário de cura dos corpos é o trabalho da medicina [...]. Por este trabalho, em nome da responsabilidade confiada ao homem pelo criador no Gênesis, Deus age. Pode bem haver curas extraordinárias, mas não é preciso falar delas de maneira... ordinária! Isso levaria a um menosprezo do trabalho dos terapeutas. A prudência do "gabinete das constatações" para as curas em Lourdes não é, nesta matéria, da timidez, mas da sabedoria. De outra parte, a utilização equívoca da palavra cura corre o risco de fazer nascer esperanças nos mais pobres entre nós, os que sofrem em seus corpos ou aqueles cujo parente sofre. Quem suaviza esperanças enganadas, amarguras redobradas?[5]

---

[5] GOLLNISCH, Pascal. "Dieu guérit qui il veut, quand il veut, comme il veut", *Paris Notre-Dame*, n. 855, 14 sept. 2000, p. 5.

7 - Curar no obscuro: com o risco da ambiguidade e do fracasso

Um texto desse gênero é bastante representativo das críticas dirigidas aos grupos carismáticos que praticam a oração de cura e se poderia discutir cada ponto. Retenhamos somente o que é relativo à decepção e ao *modo ordinário de cura* que é a medicina. Será que a medicina, justamente, não decepciona nunca? Será que ela não promete, implícita ou explicitamente, senão o que ela está segura de poder cumprir? Será que ela não é em nenhum caso um lugar de ilusão, em que se exerce o fantasma de onipotência?

Léon Burdin apresenta assim o Instituto Gustave-Roussy de Villejuif, onde ele é capelão:

> Neste grande centro onde cuidados clínicos e pesquisa vão juntos, onde os médicos famosos fazem recuar passo a passo a doença, onde as descobertas mais sofisticadas são imediatamente postas a serviço dos doentes, tudo parece possível. Mesmo o impossível. Para muitos doentes, em todo caso, e para a família deles, o Instituto evoca às vezes uma Lourdes profana aonde viria, sem muito confessá-lo, procurar o milagre. [...]. O fracasso existe, aqui também, como em outros lugares. E, certamente, acontece que se morre no Instituto, malgrado tudo. Alguns doentes se admiram: "Meu Pai, há óbitos no Instituto? Aí se morre?" [...] Com efeito, ao mesmo tempo em que este centro anticancerígeno se impõe como ponto de convergência de tudo que a doença apresenta de mais extremo – e, então, de mais mortal –, ele suscita igualmente, por seu compromisso humano, científico e técnico, e por sua vontade de melhorar sempre, uma imagem de poder que veicularia um discurso imaginário de invencibilidade: "Você vai ser curado!" Muito naturalmente o estabelecimento inspira, então, ao coração dos doentes que o frequentam uma grande confiança com a esperança – uma imensa esperança, uma esperança louca – de ser curado.[6]

E, aliás, como poderia ser de outro modo? Pode-se curar, pode-se procurar curar sem se apoiar nesta força que representa o desejo e a esperança de curar? Imagine um médico que teria para seu paciente o discurso "razoável" seguinte: "Eu não sei muito bem o que posso fazer para ti... Não esperes muito de mim, sobretudo! Enfim vai-se tentar, ver-se-á bem, hein..."

---

[6] BURDIN, Léon. *Parler la mort. Des mots pour la vie,* Paris, DDB, 1997, p. 25-26.

Uma imagem ilusória: o caso Christopher Reeve

No dia 30 de janeiro de 2000, os telespectadores americanos do Super Bowl (um dos acontecimentos esportivos mais populares) descobrem uma publicidade pouco comum, para uma sociedade de conselho em investimento: o *spot*, cujo grafismo realista evoca o dos videojogos, mostra Christopher Reeve se levantando durante uma recepção e andando até a tribuna para receber, parece, uma distinção. Ora, Christopher Reeve é o paralítico mais célebre dos Estados Unidos. Por uma amarga ironia da sorte, o ator que interpretou Super-homem, o homem capaz de voar, ficou tetraplégico por causa de um acidente de equitação, em 1995. Longe de se dobrar sobre si mesmo, ele se tornou ao contrário uma figura de proa da deficiência, que ele contribuiu para fazer mais bem conhecida e aceita. Sua coragem e seu dinamismo impõem respeito. Com sua esposa Dana, sempre presente a seu lado, ele fundou uma associação que tem por objetivo financiar a pesquisa sobre os danos da medula espinhal, para descobrir um tratamento para a paralisia. O esporte televisionado de 30 de janeiro é, então, para Reeve um meio de partilhar a convicção de que ele sempre divulgou: aos cinquenta anos (ele tem então quarenta e sete), ele andará de novo. A mensagem não passa certamente despercebida: milhares de telespectadores se lançam sobre seus telefones para perguntar às associações de deficientes como Reeve pôde ser curado. Ora certamente ele não foi curado; mas o esporte o representa andando neste momento de um modo tão convincente que muitas pessoas se enganaram.

Reeve é um visionário ou um impostor? De fato, a pesquisa científica progride neste domínio: uma técnica como a eletroestimulação implantada já dá resultados encorajadores – ela é o resultado do programa europeu SUAW, isto é, *Stand Up And Walk* – "Levanta-te e anda"! Contudo, é provável que o caminho que conduz a um eventual tratamento da paralisia será ainda longo. Mas Reeve acha que é importante acreditar, pois, segundo ele, "de fato, o

7 - Curar no obscuro: com o risco da ambiguidade e do fracasso

problema principal são as pessoas que estão em cadeira de rodas desde muito tempo, pois elas têm necessidade, para sobreviver psicologicamente, de aceitar a ideia de passar o resto da vida numa cadeira". O argumento não é sem relação com o que se ouve às vezes nos círculos carismáticos que praticam a oração pelos doentes: que certas curas são bloqueadas, impedidas pela falta de ousadia ou pelo medo dos interessados, por seu apego, no fundo, à segurança de um estado pouco desejável, mas conhecido. Reeve afirma que alguns paralíticos integraram muito bem sua nova limitação e que não sonham mais, que não sentem mais o desejo de ser curados, porque foi preciso extingui-lo para lhe dar um outro objeto, a reinserção social em cadeira de rodas. É então um problema de gestão do desejo. Um editorialista (ele mesmo deficiente) reagiu assim ao assunto:

> Este otimismo enganador que Reeve divulga não é apenas nefasto no plano psicológico, com a esperança cruel que ele suscita. Os estragos são igualmente de ordem prática. Os jovens recentemente atingidos pela paralisia poderiam acabar por copiar Reeve, passando horas a preparar seus corpos para andar no dia em que o tratamento milagre será disponível [...]. Ora eles deveriam antes utilizar esse tempo para ler, estudar, preparar-se para as oportunidades que este mundo novo, graças aos progressos tecnológicos, oferece, pela primeira vez na história, aos deficientes. Eles podem viver, exercer um ofício, fazer carreira. Mas este será o fruto de um muito grande trabalho. E para começar, é-lhes necessária precisamente esta aceitação psicológica da realidade que Reeve destruiu tão fortemente. Se não tenho razão, o pior que possa acontecer, quando o milagre se produzir, é que os céticos se encontrarão muito bem formados e por demais aguerridos. Mas se é Reeve que não tem razão, o que restará para os que terão sonhado com sua saúde?[7]

Encontra-se aqui, por um outro viés, o que Léon Burdin observa a respeito desses crentes que rezaram de tal modo por uma cura que não foram capazes de estar presentes no fim da vida de um parente.

---
[7] KRAUTHAMMER, Charles. "Restoration, reality and Christopher Reeve", *Time*, 14 fev. 2000, p. 76.

O "caso Christopher Reeve" aparece num outro registro. Há muito tempo que Reeve exprime em público e nos meios de comunicação suas convicções a respeito da esperança que se pode "razoavelmente" basear na pesquisa. Mas aqui ele deu uma imagem de sua cura, ele pôs em cena seu desejo de cura, daí um impacto muito mais importante, sem medida comum com suas tomadas de posição passadas. Além disso, o estilo gráfico do spot confunde a fronteira entre o real e o fictício. Nós encontramos várias vezes imagens ao longo do percurso, com diferentes estatutos ou formas. A maior parte do tempo, tratava-se da imagem no sentido de metáfora, do sentido figurado de uma palavra (por exemplo, a palavra "corpo", utilizada em expressões como "corpo social" ou "corpo eclesial"). Ora eis aí imagens que são "realmente" imagens, mas são imagens "realmente" enganadoras, enganadoras porque realistas, mas sem relação com a realidade. Ou antes, elas mostram o que Reeve crê e deseja realmente. É bem exatamente "tomar seus desejos pela realidade", tendo como resultado, entre outros, de "tomar por realidade o que é apenas um desejo". Reeve projetou seu desejo sobre a pequena tela – projetada no sentido literal e não, justamente, figurado – diante de milhões de telespectadores que esperavam a retransmissão de um jogo de futebol americano jogado ao vivo (então "por verdadeiro"). Encontram-se às vezes, nos comentários sobre os milagres de Jesus, expressões como "não parar no sinal da cura", "ver além da cura". Mas aqui, precisamente, não há nada "além" das imagens, a não ser ilusão; e os que procuraram saber mais – fazendo pelo telefone a pergunta: "Em que instituto de pesquisa o senhor Reeve pôde ser beneficiado por esse tratamento?" – ficaram decepcionados. O spot era acompanhado com voz em off do texto seguinte: "No futuro, de tal modo coisas estupefacientes vão acontecer no mundo. E vós, que coisa estupefaciente fareis acontecer?" E o chavão final: "Investi muito. Deixai vossa marca". Inegavelmente, Reeve "deixou sua marca", mas sobre o vento... ou talvez, diria Shakespeare, sobre "este pano de que são feitos os sonhos"?

Evangelizar o pedido? Evangelizar a escuta!

Quando o desejo de cura é formulado, expresso, ele se torna um pedido. Aquele, por exemplo, que o leproso dirige a Jesus: "Senhor, se queres, podes me purificar" (Lc 5, 12); ou ainda o do cego de Jericó: "Senhor, que eu recupere a vista!" (Lc 18,41). O que há de mais franco, de mais simples? Mas porque o desejo do homem é muitas vezes ambíguo, o pedido que dele procede pode estar escondido, dissimulado. Há o que não se pode confessar, o que é impossível, impensável... Então o pedido toma uma outra forma, uma espécie de disfarce, e aquele a quem é dirigido deve interpretar, decifrar, encontrar o "verdadeiro pedido". Dito de outro modo, não é preciso sobretudo apressar-se em responder ao pedido, mesmo se puder, pois se corre o risco de tomar a presa pela sombra, de responder ao vento. Assim, acontece que pessoas atingidas por doenças graves exprimem o desejo de morrer e pedem uma eutanásia. Ora elas mesmas podem mudar de opinião – independentemente das questões de ordem moral e jurídica que apresentam o fato de aceder a seu pedido – se, por exemplo, são dados a elas medicamentos que aliviam eficazmente a dor, se são cercadas de afeição, se lhes é mostrado que têm ainda uma função a desempenhar, mesmo "diminuídas" pela doença... Em resumo, o desejo de morrer é o sintoma de uma crise, um sinal de alarme, um pedido de atenção e de apoio.

A teoria do "verdadeiro pedido" não funciona somente em casos tão dramáticos. Ela inspira também certas leituras das curas evangélicas.

> No coração das diversas respostas que dá, Jesus parece fazer mais ou menos implicitamente a pergunta: "Sabeis o que pedis? Nós faremos esta mesma pergunta a alguns daqueles que vêm solicitar do Cristo sua cura. À escuta de seu pedido, Jesus não convida o homem a um algo mais? Nós veremos de início a relação inicial que instaura esta, para considerar em seguida o deslocamento que aí se opera e entender o verdadeiro pedido que não podia até aí ser formulado, mas que o encontro revela.[8]

---
[8] AUFAUVRE, Brigitte-Violaine. "La demande de guérison. Savez-vous ce que vous demandez?", *Christus*, "Guérir. Une conquête ou un don" n. 159, juillet 1993, p. 310-311.

O pressuposto deste modo de ler o Evangelho é que Jesus responde sempre ao desejo profundo do homem; então, se Jesus parece não responder ao desejo explicitamente formulado, é que ele percebeu outra coisa. Por exemplo, nota-se, a respeito do paralítico descido pelo teto, que ele está mudo ao longo de todo o episódio, inclusive quando Jesus, em vez de curá-lo, anuncia--lhe que seus pecados estão perdoados: "Ainda uma vez, nem uma palavra do paralítico nos é relatada, nem uma recusa, nem uma protestação. Como se o dom que lhe é feito correspondesse a uma expectativa mais profunda do que a da cura física que lhe será dada de acréscimo".[9] Mas sobre quais elementos concretos se pode basear esse tipo de interpretação? Poderiam ser encontradas muitas razões para o silêncio do paralítico: o medo, a estupefação, a emoção, a resignação... Por que não ver aí senão uma aquiescência muda? Não se esquiva, no fundo, desta questão embaraçosa: e se Jesus não desse a esse homem senão o que ele, Jesus, tinha vontade de dar? Por que seria preciso que Jesus não decepcionasse nunca?

Do mesmo modo que Jesus, confrontado com certos pedidos, não respondeu da maneira que esperava o doente, a fim de responder ao "verdadeiro" pedido, do mesmo modo a Igreja, que continua a missão de seu Mestre junto das multidões à espera de numerosas curas, deve fazer um discernimento. É preciso "evangelizar o pedido", isto é, verificar se ele se insere bem na história da pessoa e no que o Espírito quer fornecer à Igreja. O discernimento das motivações, mesmo se estão fatalmente misturadas, permite ajudar a pessoa a ultrapassar um pedido de tipo mágico ou uma fuga de sua finitude, uma recusa de assumir o preço de seu caminho de crescimento ou muito simplesmente de seu cotidiano.[10]

De fato, há aqui duas questões diferentes: o pedido visto do lado daquele que o exprime e o pedido visto do lado daqueles a quem ele se dirige. É inegável que um grupo, fosse de Igreja, tem o direito, e mesmo o dever, de não responder aos

---

[9] *Ibid.*, p. 312.
[10] UGEUX, Bernard. *Guérir à tout prix?* Paris, Ed. de l´Atelier, coll. "Questions ouvertes", 2000, p. 143.

pedidos que não correspondem ao objetivo de sua missão, e até o contradizem. No caso de um grupo de oração católico, enraizado na fé da Igreja no mistério pascal, um pedido que recusaria, de uma maneira ou outra, passar pela Cruz não poderia ser tomado em consideração. Não por preocupação mesquinha de exercer um controle e de pôr suas condições, mas porque a Igreja nada faz por si mesma e toda cura obtida em seu seio procede do Espírito do Ressuscitado (que não cessa de ser o Crucificado). É evidente que a acolhida benevolente das pessoas, na falta dos pedidos, continua um imperativo; é a ocasião de expor o que é proposto neste lugar, no quadro claramente posto da fé da Igreja. Ora, paradoxalmente, quando uma pessoa é acolhida lá onde ela está, mas com a confiança em sua capacidade de caminhar, ela é muitas vezes posta a caminho, dinamizada. As deslocações que se operam nela, frutos do Espírito e do consentimento de sua liberdade, podem modificar o pedido primitivo no sentido de que não rejeita o que é proposto. Certamente, toca-se em questões delicadas e ambíguas, que mergulham nas "profundezas", muitas vezes feridas, de um ser humano: as situações são raramente simples e límpidas, é por isso que o discernimento deve ser tomado muito a sério e exercido, tanto quanto possível, por várias pessoas.

A questão do pedido visto do lado do que o exprime não conta com o encontro, ou até com a confrontação, entre um pedido e uma proposta; ela pretende penetrar no foro interno de quem pede. Quando se afirma que o pedido explícito esconde um "verdadeiro" pedido, único digno de ser ouvido, pode pôr-se em situação de exercer uma violência simbólica inaudita. Em nome de que e com que critérios se colocará em posição de superioridade, como aquele que sabe, melhor que o próprio doente, o que este deseja de verdade? Procurar o "verdadeiro" desejo pode ser sinal de uma "verdadeira" incapacidade de entender o que é dito, porque é muito forte, muito doloroso, muito desestabilizador, porque isso faz tocar com o dedo o sofrimento, a angústia, o horror, a amargura, o desprezo, a revolta, o escândalo... O grito, às vezes o estertor, é quase sempre insuportável e a tentação é grande, como no caminho de Jericó, de reduzir ao silêncio os que gritam pelo Cristo do fundo de suas trevas. Ir mais longe ou além do pedido, "ultrapassá-lo"? Como dizia meu professor de filosofia: "Não se ultrapassa senão por quem se passou!" Como atravessar o pedido em vez de sobrevoá-lo, como passar "através do corpo"? Quanto a "ir mais longe" ou "além"... verdadeiramente, seria já bem ousar estar aí, aqui e agora. É sempre "verdadeiro" o pedido que exprime o que a pessoa procura dizer, não sabe dizer, não quer dizer. Quando ele é desviado, torcido, confuso, embaraçado, ambíguo, desajeitado, contraditório; quando ele incomoda; quando ele soa falso; quando ele se refugia num silêncio altaneiro ou numa loquacidade suspeita... é então que é preciso escutá-lo, é isso que é preciso escutar. E se for preciso, escutar sem responder, mesmo por "boas razões", pois elas insultam a experiência insensata do sofrimento, elas ricocheteiam como irrisórias palhinhas sobre a muralha de bronze da angústia humana.

"Como queres que eu creia em Deus, depois do que vi?" Francisco acaba de evocar a descoberta dos corpos inanimados de seus três sobrinhos e sobrinhas. [...] Estou em choque. Eu me debato sob a violência do absurdo e quero dele livrar Francisco. Extrair sua dor como um tumor maligno. E eis que procuro agarrar-me a Jesus crucificado como a um instrumento clínico eficaz, apto a neutralizar – ou ao menos atenuar – o mal que tanto me confunde. No momento, eu lamento não lhe ter dito: "Tu dizes que Deus não existe, pois ele não permitiria todo este sofrimento. Eu, eu te respondo: Deus mesmo não preservou seu Filho único..." Mas alguns dias mais tarde, um membro da associação evoca os "truques" aos quais nos agarramos muitíssimas vezes em nossas relações com o outro. Eu percebo a que ponto segui um falso caminho. Para compensar minha impotência em cuidar, em aliviar, eu tinha tentado tirar Francisco de seu sofrimento. Que compaixão podia ele esperar desta relação pseudopaliativa com sentido único? Onde estava o "sofrer com?"[11]

---

[11] COLLIN, Aude et DE TRAVERSAY, Laetitia, *La Rue les mains nues*, Paris, Bayard Éditions, 2001, p. 63-64.

7 - Curar no obscuro: com o risco da ambiguidade e do fracasso

Saber mais que o outro o que lhe convém... O doente é, com mais frequência que por sua vez, aquele que não sabe. "Se não tendes uma imagem radiológica inquietante, é que não tendes nada, então não se ocupa de vós. Não se responde a vossas perguntas porque se considera que vós não compreendeis, vós não sabeis, vós não vedes... Há um desconhecimento do pedido do doente e ele é enganado. O doente experimenta isso."[12]

Na França, o projeto de lei "relativo aos direitos dos doentes e à qualidade do sistema de cuidado", discutido em outubro de 2001, terminou por consagrar o direito dos pacientes de aceder diretamente a seu dossiê médico, a título da "democracia sanitária". É interessante que seja aqui reafirmada a dimensão política do sistema de cuidado, isto é, seu elo com uma escolha de sociedade (a democracia) que deve exercer-se em todo lugar, inclusive no hospital. O corpo do paciente é de novo posto em relação, enquanto cidadão, com o corpo social; e porque o acesso ao dossiê médico é doravante um direito, a lei vem inscrever-se em terceira mão, como uma instância mediadora, na relação entre o doente e seu médico, que é de certa sorte "desprivatizada". Contudo, que esta relação seja declarada "política" não a impede de ficar no mais alto ponto "íntimo". Durante o debate na Assembleia nacional, deputados fizeram ouvir a voz do "corpo médico", exprimindo o temor de que o direito de acesso ao dossiê altere a relação de confiança entre o doente e o médico, que é indispensável para o sucesso do tratamento. Sabe-se a que ponto é complexa a questão muitas vezes posta: é preciso dizer a verdade ao doente? Mas "o que é a verdade?" (Jo 18,38). Ela é consignada inteiramente e sem erro no dossiê médico? Além de que o dossiê é em si mesmo um documento técnico, compilando dados por natureza incompreensíveis aos de fora da medicina, é muito difícil saber o que o doente (e seus parentes) quer entender e pode entender, as más notícias que ele é capaz de encaixar sem se perturbar,

---

[12] DAGONET, François *Pour une philosophie de la maladie*, Paris, Textuel, Coll. "Conversations pour demain", 1996, p.103.

sem renunciar à luta. Mas saber aonde se vai é também poder fazer ouvir sua voz nas decisões a tomar, é se afirmar como sujeito e como adulto contra as tentativas de infantilização, é sair da ilusão anestesiante, da mentira e das boas palavras ("Não vos inquieteis, tudo vai para o melhor..."). Ainda é preciso não presumir de suas forças, não confundir dignidade e orgulho, manutenção e dureza, lucidez e amargura. A "verdadeira verdade", a "verdade da verdade" não se esconde nas páginas do dossiê médico. Ela se revela no que o doente fará das informações que obtiver, na maneira com que envolverá ou não sua liberdade a serviço de um consentimento e de uma esperança. "A verdade vos libertará" (Jo 8,32).

DEIXAR A DESGRAÇA SER A DESGRAÇA

Há o que o doente pede e há o que se pede ao doente, pois toda cultura prescreve certo comportamento diante da doença e reprime ou ignora, de uma maneira ou de outra, o que se afasta desta injunção. O doente é também aquele a quem se pede desempenhar uma função, sua função social de doente. Os cristãos não estão em débito: há bem um modelo do doente cristão que cada época definiu a seu modo. No século XIX, privilegiou-se de bom grado a resignação à vontade de Deus, a aceitação do sofrimento. O doente seriamente atingido deve preparar-se para sua morte num espírito de penitência e de humildade; ser curado é uma possibilidade, não forçosamente um objetivo. Hoje, este modelo é geralmente rejeitado como dolorista, doentio, neurótico... mas o princípio mesmo do modelo não desapareceu. Pede-se ao contrário ao doente que lute sem descanso, empregue todas as suas forças na batalha contra seu mal, pois é surpreendente constatar a que ponto as metáforas guerreiras se impõem quando se fala de doença. Numa sociedade e numa Igreja que pretendem recusar valorizar a violência e a agressividade, é este o único domínio em que a linguagem do afrontamento é não só possível e legítima, mas

7 - Curar no obscuro: com o risco da ambiguidade e do fracasso

até considerada de maneira positiva. A doença ataca tal órgão, toca ou atinge tal função do corpo; ela é então a inimiga, a adversária. Ela progride, ganha terreno ou cede. Tentar-se-á, então, parar seu avanço, depois fazê-la recuar, graças a um tratamento determinado, tirado do arsenal terapêutico. Contudo, sobretudo, o doente, colocado em primeira linha, deve pelejar, lutar até o fim. A virtude por excelência que se espera dele é uma virtude de soldado: a coragem. Eis aí a atitude que o meio familiar e médico prescrevem ao doente. Não se conformar a ela seria desertar e chocar-se com a incompreensão. O único meio de reintegrar um comportamento desviador é reinterpretá-lo como uma doença: por exemplo, o doente que não quer ser curado é designado como depressivo, o que é "normal" em seu estado.

Põe-se à frente o fato de que o doente, impedido de manter seu lugar em sua família, em seu trabalho ou em seus lugares de compromissos, experimenta muitas vezes um sentimento de impotência e de inutilidade. Felizmente lhe é proposto algo com que se ocupar...

> A fecundidade potencial da doença surge precisamente da capacidade do sujeito em transformar [...] este movimento [de alteração], que em si pode ser mortífero, em história a mais sensata possível [...]. Tal transformação consiste em agarrar-se, como um escultor o faz com seu material, com as reações provocadas pela doença, para tentar trabalhá-las [...]. Contudo, a denegação das consequências da doença serve-se às vezes de uma estratégia tão sutil que apenas o doente compreendeu tudo aquilo que ele se imagina que doravante está integrado de uma vez por todas. [...] Ele que pensava estar radicalmente transformado deverá aceitar debater-se ainda com a tentação renascente de não aceitar o real. Ele deverá fazer a experiência de que compreender a lógica da fecundidade de Deus exige um lento e incessante trabalho.[13]

---

[13] THÉVENOT, Xavier. "La maladie, chemin de fécondité?", *Christus,* "Guérir. Une conquête ou un don", n. 159, juil. 1993, p. 304, 307.

Segundo esse raciocínio, é menos cansativo estar em boa saúde e se poderia dizer, parodiando o Figaro de Beaumarchais: "Das qualidades que se exigem de um doente, há muitos sadios que seriam dignos delas?" Seria paradoxal que se peça tanto ao doente quando se acha precisamente em posição de fragilidade. Como entender a fraqueza que nenhuma força resgata, fosse ela espiritual? É justo e bom chamar o doente a uma outra dimensão da fecundidade; ainda é preciso que isso não volte a lhe impor "um jugo que nem nossos pais, nem nós mesmos tivemos a força de suportar" (At 15,10). Pois, prossegue o texto, *é pela graça do Senhor Jesus que nós cremos ser salvos, exatamente como eles...* Se o doente é convidado ao famoso "deixar fugir a presa" [abandonar], não é para dispensar os sadios. Contudo, os modelos continuam a se impor: depois da "boa morte" do século XIX, é hoje antes a "bela morte" que vai de vento em popa, a morte que é uma obra, minha obra, até se possível uma obra-prima. Não basta, então, ter sucesso em sua vida, é preciso ainda ter sucesso em sua morte... A doença e a morte, "desafios" suplementares? A morte é olhada de frente, contanto que seja apresentável, que se submeta, de uma maneira ou outra, aos valores dominantes. Os limites do "deixar fugir a presa" são atingidos muito depressa...

> Nós estamos numa sociedade em que o modelo é a eficácia e o domínio. Como se os cuidados paliativos estivessem aí para que a morte passe bem, para que seja "bem-sucedida". Para que, se possível, as pessoas se deixem morrer como bons doentes... Às vezes, deseja-se acompanhar a vida até o fim do fim, de um modo monopolizador! [...] Para os cristãos, a questão da morte é um desafio imenso, que não se pode eliminar por um discurso leniente sobre a Cruz e a ressurreição. A atitude só pode ser uma atitude confiante no que vamos receber e de que nada sabemos.[14]

Por mais cristãos que sejam, os heróis de Bernanos não ambicionam a morte edificante do sábio ou do santo.

---

[14] CARRÉ, Nicole. Propos recueillis dans "Un cadeau qui change tout", *La Vie*, 31 oct. 2001, p. 44-45.

7 - Curar no obscuro: com o risco da ambiguidade e do fracasso

O temor me veio, mais de uma vez, de não saber morrer, chegado o momento, pois é certo que sou horrivelmente impressionável. [...] Este escrúpulo me deixa hoje em repouso. Entendo bem que um homem seguro de si mesmo, de sua coragem, possa desejar fazer de sua agonia uma coisa perfeita, realizada. Por falta de melhor, minha será o que puder, nada mais. [...] Pois a agonia humana é antes de tudo um ato de amor. É possível que o Bom Deus faça da minha um exemplo, uma lição. Eu gostaria tanto que ela despertasse piedade. Por que não? Amei muito os homens e sinto bem que esta terra dos vivos me era agradável. Eu não morrerei sem lágrimas. Quando nada me é mais estranho que uma indiferença estoica, por que desejaria eu a morte dos impassíveis? Os heróis de Plutarco me inspiram tudo junto o medo e o aborrecimento. Se eu entrasse no paraíso sob este disfarce, parece-me que eu faria sorrir até meu anjo da guarda. Por que me inquietar? Por que prever? Se tenho medo, direi: tenho medo, sem vergonha. Que o primeiro olhar do Senhor, quando me aparecer sua Santa Face, seja, então, um olhar que tranquiliza! (*Journal d´un curé de campagne*).

Para Bernanos, tudo toma sentido, mas unicamente no mistério da comunhão dos santos. Campo livre é deixado, mesmo no recinto fechado de um convento, à decepção, ao escândalo, à própria ignomínia. Contudo um elo invisível foi atado entre a morte tão piedosa da superiora e o mártir ao qual Branca da Força acabará por se associar, depois de ter sido toda a sua vida a presa do medo.

Pensai na morte de nossa querida Mãe, irmã Branca! Quem teria podido crer que ela teria tanto sofrimento ao morrer, que ela poderia morrer tão mal! Dir-se-ia que no momento de lha dar, o Bom Deus fez uma confusão com a morte, como no vestuário vos é dada uma roupa por outra. Sim, essa devia ser a morte de uma outra, uma morte não na medida de nossa Priora, uma morte pequena demais para ela, ela não conseguia nem enfiar as mangas... [...] esta outra roupa, quando vier a hora de sua morte, admirar-se-á de nela entrar tão facilmente e de se sentir confortável... Talvez até que ela se gloriará: "Vede como estou à vontade aí dentro, como esta roupa faz belas pregas..." (Silêncio) Não se morre cada um por si, mas uns pelos outros, ou mesmo uns em lugar dos outros, quem sabe? (irmã Constância em *Dialogues des carmélites*, 3º quadro, cena I).

Sabedoria e loucura: *um Messias crucificado*

"Eu entendo bem que um homem seguro de si mesmo, de sua coragem, possa desejar fazer de sua agonia uma coisa perfeita, realizada", escreveu o pequeno cura de Bernanos... Aquele que vem "levar a bom termo a obra do Pai" (Jo 17,4) e que "a tornou perfeita" (Hb 5,9) por sua obediência contudo não fez de sua agonia "uma coisa perfeita, realizada". É verdade que, longe de estar "seguro de si mesmo, de sua coragem", ele se mantém numa completa dependência diante do Pai e proclama que não faz nada por si mesmo (Jo 5,19). Ele não procura nada mais que a vontade do Pai, mas é em lágrimas e angústia que encara sua própria morte: "Aba, Pai! Tudo te é possível; afasta de mim este cálice; contudo, não o que eu quero, mas o que tu queres!" (Mc 14,36). A morte do Filho de Deus não foi nem fácil nem edificante, como testemunha o último grito, emocionante do agonizante, acolhido pelas zombarias dos espectadores e pelo desprezo do nome de Elias: "Jesus deu um grande grito: 'Eli, Eli, lama sabachtani?' Isto é, 'Meu Deus, meu Deus, por que me abandonaste?' Alguns dos que tinham ficado ali, a distância, diziam ouvindo-o: 'Ele chama Elias!'" (Mt 27,46-47). O *grande grito* é dado em língua original (aramaico), a língua materna do supliciado, como se fosse no fundo intraduzível, como se fosse preciso entender antes as palavras, as próprias palavras, as palavras mesmo se elas não querem dizer nada: interpretar, decifrar, é para depois. Aliás, as testemunhas da cena não compreendem, e contudo o grito é lançado na língua delas. Para nós, certamente, o grito é traduzido e sabe-se que ele retoma o início do Salmo 22. Até o fim, a Escritura acompanha o Cristo; até o fim, o Cristo cumpre a Escritura. O grito é tanto mais pessoal, pungente, e até íntimo que é emprestado, que ele cita uma velhíssima oração, algumas palavras do patrimônio público e comum de todos os judeus. O grito não é original: é único. E é porque ele recapitula todos os gritos do mundo nas dores do parto, todos os gritos dos homens tragados nas trevas, a fim de "recapitular todas as coisas sob um só Chefe, o Cristo" (Ef 1,10).

7 - Curar no obscuro: com o risco da ambiguidade e do fracasso

Contudo a recapitulação não é uma recuperação e a fé cristã não é um sistema ideológico a mais. É preciso, como diz Paulo, cuidar de "não tornar inútil a cruz do Cristo" (1Cor 1,17). E a cruz é uma eterna questão, como o grito de agonia do Cristo, à qual mesmo a Ressurreição – a Ressurreição sobretudo – não responde. "A linguagem da Cruz, com efeito, é loucura para os que se perdem, mas para os que se salvam, para nós, ela é poder de Deus. Pois está escrito: 'Eu destruirei a sabedoria dos sábios e a inteligência dos inteligentes eu a rejeitarei. Onde está o sábio, onde está o homem culto?' Onde está o argumentador deste século, Deus não tornou louca a sabedoria deste mundo? Já que o mundo, por meio da sabedoria, não reconheceu a Deus na sabedoria de Deus, é pela loucura da mensagem que aprouve a Deus salvar os que creem. Ao passo que os judeus pedem sinais e os gregos estão à procura da sabedoria, nós proclamamos um Cristo crucificado, escândalo para os judeus e loucura para os pagãos, mas para os que são chamados, judeus e gregos, é o Cristo, poder de Deus e sabedoria de Deus" (1Cor 1,18-24). Loucura contra sabedoria, sabedoria contra loucura; oposição tão forte que se conforma com aquela que separa judeus e gregos, aqui reunidos numa frente comum da recusa. Nós somos todos judeus e gregos. Nós pedimos a cura como um sinal e rejeitamos sua ausência como um escândalo; nós procuramos a sábia gestão do desejo de curar e a loucura do sofrimento explode diante de nosso rosto.

No evangelho, Jesus não responde ao pedido de um sinal senão pelo de Jonas: "Como Jonas esteve no ventre do monstro marinho durante três dias e três noites, do mesmo modo o Filho do homem estará no seio da terra três dias e três noites" (Mt 12,40). Estranho sinal, de verdade, este sinal que não se vê, em duplo sentido. Antes de tudo, trata-se de um sinal escriturário, de modo que Jesus não mostra nada aos judeus, não apresenta nada a seus olhos, a não ser a Escritura. Em seguida, é o sinal de um enterramento, ao qual corresponde um sepultamento, de um mergulho na obscuridade, de uma tenebrosa e perigosa aventura:

o que há então para ver no ventre de um monstro marinho, nestas entranhas que parecem trazer a morte e não a vida? O sinal que é dado toca no corpo e no corpo de uma pessoa chamada por seu nome (então única, insubstituível), mas sob o modo do desaparecimento, da retirada, da ausência. Contudo, porque o sinal concerne a Jonas e a Jesus, é o elo entre Jonas e Jesus que faz sentido, que dá a chave. Misteriosa e secreta cumplicidade: que Jonas o saiba ou o ignore, um outro o acompanha em sua descida, em sua submersão. Na linguagem bíblica, o mar e os monstros que nele habitam são o símbolo do mal que ultrapassa o homem. "Ultrapassado", Jonas o é em duplo sentido, ele que quis fugir da missão que Deus lhe confiou! Contudo, essa retirada pouco ordinária, tendo-lhe aberto os olhos e sobretudo tendo feito por si mesmo a experiência da salvação, ele é capaz de terminar a viagem para Nínive e obter a conversão dos habitantes. Do mesmo modo Paulo, depois do episódio do caminho de Damasco, fica três dias como morto (não vendo nada, não comendo nada, não bebendo nada) depois é enviado a proclamar o evangelho da reconciliação; pois se a linguagem da cruz é loucura, é uma loucura que abre a salvação como a morte do Cristo rasga o véu do santuário. Trata-se de ser salvo, trata-se de ser chamado, trata-se do desígnio de amor de Deus. A linguagem da cruz é loucura, não delírio: ela não nos pede repudiar razão, discernimento e prudência. A linguagem da cruz é loucura, não desordem: ela nos convida a construir uma ordem de justiça e de paz. A linguagem da cruz é loucura e não excesso: ela não passa da medida senão para nos ensinar a amar e a nos deixar amar sem medida.

Pois o que é loucura de Deus é mais sábio que os homens, e o que é fraqueza de Deus é mais forte que os homens (1Cor 1,25).

Conclusão

A cura não entregou seu segredo. Para cada um de nós, crendo ou não, ela continua uma experiência beneficente, mas misteriosa. E contudo tão familiar! Somos todos antigos doentes e futuros mortos: já fomos curados e virá a hora em que não haverá mais curas para nós. Depois de tantas curas, pequenas ou grandes, é uma irremediável ausência de cura que nos fará passar, no sentido pascal do termo, para a nova criação em que a condição corporal poderá enfim dispensar a obrigação de cura. Sim, a cura está ligada ao pecado, mas ela não é menos ligada à graça. Desprezar a cura do corpo é uma tremenda tentação, pois é desprezar a condição da criatura em vez de se dar o trabalho de abrigá-la, em suas fragilidades, em seus soterramentos, mas também em seus surgimentos. É agradável curar, é bom desejar ser curado, é justo e bom trabalhar em toda cura. Pois se a cura é uma visitação, ela é também uma anunciação. Do mesmo modo que o sábado é escatológico na medida em que é histórico, imperturbavelmente ancorado na reiteração semanal e na medida em que ele propõe, como figura do repouso que não terá fim, este modesto e precioso repouso que não para de aliviar o sofrimento dos homens; do mesmo modo, é numa linguagem de homem, então a linguagem da finitude e do costume, de que a cura anuncia o Reino em que serão enfim glorificados todos os corpos.

Se a cura é uma anunciação, é a serviço da revelação que o corpo faz ao mundo. O corpo faz surgir, da obscura profundeza das entranhas à superfície fremente da pele, "coisas escondidas desde a fundação do mundo" (Mt 13,35). Que ele seja curado ou não, ele faz ver. Todos os corpos se refletem no próprio corpo, espelho da solidariedade e da exclusão, da justiça e da injustiça, do bem curar e do mal curar. Pois há curas perigosas. Talvez mesmo não há senão isso, pois a cura opera um julgamento. É preciso tomar partido em relação a ela, é preciso sentir-se concernido pela cura de cada corpo. Aquele que a recusa, aquele que, não tendo necessidade de cura, despreza a necessidade que tem seu irmão de ser curado, ameaça o corpo social e eclesial com o irresistível contágio do pecado. Já que a doença é o fardo comum da condição das criaturas, é preciso "carregar os fardos uns dos outros" (Gl 6,2), os fortes para os fracos e os fracos para os fortes. Mas não é menos falso fazer da cura um imperativo social, um prévio indispensável a toda relação. Certamente, repelir os corpos repelentes é uma tentação espontânea, quase um reflexo. A atitude inversa é, então, uma verdadeira conversão, isto é, um trabalho proposto a nossa liberdade e a nossa responsabilidade. O que está em jogo é nossa vida: saberemos discernir que a rejeição de um membro é uma mutilação para o corpo inteiro? Quando a cura se torna uma exigência, é uma exigência mortal. Excluir do corpo social ou eclesial é se excluir do corpo do Cristo, ele que nos salva precisamente porque foi desprezado, tido por nada (Is 53,3). Já que a salvação consiste em estar ligado a Cristo que dá seu corpo na Cruz e alimenta nossos corpos com seu corpo, o que religa os corpos entre eles já dá testemunho do Reino dos corpos glorificados e reconciliados. "Tudo o que ligardes na terra será tido no céu por ligado" (Mt 18,18).

O Cristo carregou no madeiro da Cruz todas as nossas enfermidades, nossas fraquezas, nossas angústias, mas também nossas violências e nossa vontade enfurecida de excluir e de condenar. Ele se deixou esmagar pelo terrível fardo do pecado, ele deixou-se tragar pela morte. Este corpo que não foi curado, este corpo que carrega para sempre suas cicatrizes, é este corpo que revela e oferece a salvação. Estar em Cristo, esse é o único lance da vida cristã e o único objetivo do testemunho da Igreja. Poderíamos estar com Cristo sem estar com seus irmãos, sem reconhecer que somos como eles? A fé não é um conhecimento superior de que seríamos os felizes depositários. A fé não nos ensina nada e não nos poupa nada. A fé nos confronta e nos coloca diante do mistério pascal, que não é uma consolação e uma esperança senão para os que derramaram lágrimas de sangue sobre todos os corpos entregues sem defesa ao mal e à desgraça: "felizes vós que chorais agora, porque rireis" (Lc 6,21).

Cristãos e pagãos desejam ser curados e eles se curam ou não se curam, a maior parte do tempo sem saber a razão. É por isso que o diálogo entre os cristãos e a cultura contemporânea pode tomar a forma de um combate comum pela vida, a vida a acolher, a reconhecer e a partilhar, a vida a ser honrada e acompanhada até a morte. Propondo os sacramentos, e particularmente a unção dos doentes, a Igreja oferece um "serviço público", no sentido mais nobre do termo. Público, porque se trata de uma palavra que concerne a nós todos, crentes ou não, de uma proclamação da dignidade dos corpos sofredores e dos que os cercam. Essa notícia é verdadeiramente Boa Notícia que deve alegrar o corpo inteiro. Mesmo nossa imperícia nessas circunstâncias não é um obstáculo: o que nós oferecemos não é uma competência ou uma especialidade, mas uma humilde associação de solidariedade. Nós não sabemos nada, só sabemos que o Espírito sopra em nossos corações: nenhum corpo será perdido, já que "até os vossos cabelos estão todos contados!" (Mt 10,30). Que tentador nos ensinou a crer – ilusão temível, mentira propriamente escandalosa (isto é, ocasião de queda) – que o espiritual não é carnal, que o corporal nos seduz e nos extravia? Longe de nos extraviar, ele nos retém, ele nos ancora neste mundo confiado a nossa responsabilidade, para sua salvação e para a nossa. E se o corporal nos pega, é no barro de nossa condição de criatura, barro amassado pelas mãos do Criador e graciosamente levantado por seu sopro. Quanto mais o corporal é profundo, mais ele é um aprofundamento. Quanto mais é opaco, mais ele detém a luz para refletir a glória de Deus, como a sombra de São Pedro basta para curar os doentes que ela toca (At 5,15). "A transparência é o obstáculo."[1]

---

[1] "Détournement" [Desvio] do título de um livro dedicado a Jean-Jacques Rousseau por Jean Starobinscki.

Índice

Introdução 03

1. Curar na condição de criatura:
   entre graça e pecado 07

2. Curar para terminar a obra da criação,
   em vista da criação nova 31

3. Curar junto: do corpo próprio ao corpo social 57

4. O corpo eclesial, lugar de cura 81

5. O corpo do crucificado, fonte da salvação 107

6. Nosso corpo, lugar de acolhida da salvação 125

7. Curar no obscuro: com o risco da
   ambiguidade e do fracasso 141

Conclusão 163